Callwey

Satz: Filmsatz Schröter GmbH, München
Litho: Karl Findl, Icking
Druck und Bindung: Printer, Trento
Printed in Italy 1996
ISBN 3-7667-1235-7

Die Deutsche Bibliothek –
CIP-Einheitsaufnahme
Geschnittene Gartenkunst: Geometrie und Phantasie mit der Heckenschere /
Wolfgang H. Niemeyer. Unter Mitarb. von Claudia Schreiber. – München: Callwey, 1996
(... rund ums Haus)
ISBN 3-7667-1235-7
NE: Niemeyer, Wolfgang H.

Dank
Für Unterstützung und Mithilfe beim Entstehen des Buches möchte ich mich bei allen beteiligten Kolleginnen und Kollegen sowie Gartenbesitzern und Fotografen herzlich bedanken. Besonderer Dank gilt auch Ingrid Moiser, Nina Reinhardt und Michael Pröttel sowie Andrea Hölzl, Dorothea Montigel und Roland Thomas vom Callwey Verlag.

Sämtliche in dem Buch abgedruckten Pläne wurden im Hinblick auf ein einheitliches Erscheinungsbild nach den Originalen der Landschaftsarchitekten von Ingrid Moiser und Nina Reinhardt vereinfachend nachgezeichnet.

Zur Abbildung auf dem Einband: Perfektion mit der Heckenschere in einem Garten in England – wer läßt sich durch den geheimnisvollen Eibenbogen nicht verführen in das Reich der Geschnittenen Gartenkunst?

Die grüne »Sitzgarnitur« im Garten von Hever Castle bei Edenbridge, Kent, lädt zum Ausruhen ein. Inwieweit das pflanzliche Polster dem menschlichen Körper standhält, sei dahingestellt.

Wolfgang H. Niemeyer

Geschnittene Gartenkunst

Geometrie und Phantasie mit der Heckenschere

Unter Mitarbeit von
Claudia Schreiber

Callwey

...rund ums Haus

In der Villa Gamberaia in Settignano bei Florenz erzielen elegant geschnittene niedrige Buchshecken auch im Winter ihre ästhetische Wirkung.

Vorwort

Mit Hilfe von gespannten Seilen wird das Heckenwerk nach dem Lot geschnitten – hier das Labyrinth im Garten von Hertfordshire, England.

Die Geschnittene Gartenkunst hat eine lange Tradition. Sie reicht bis zu den Römern zurück. Begriffe wie Baumdach, Baumschirm, Baumpalast, Baumwand oder Grüner Dom, Heckentheater, Heckensaal, »berceau naturel«, »berceau artificiel« und andere Wortschöpfungen, die aus der Architektur und der Landschaftsarchitektur stammen, zeugen von ihrer Bedeutung und ihrer Auswirkung auf die heutige Zeit.

Beschnittene Wände, Skulpturen und Dächer vorwiegend aus den Pflanzenmaterialien Buchs, Eibe, Liguster, Kornelkirsche, Hainbuche, Rotbuche, Wacholder und Feldahorn wurden von Gartenkünstlern und Landschaftsgärtnern in der Renaissance und im Barock zu Höhepunkten der Gartenkunst vervollkommnet. Aufgrund einer maßlosen und gestalterisch oft überzogenen »Baumstutzerei« entstand dann später der Landschaftsgarten als eine gestalterisch ruhigere und in das Naturempfinden der Zeit besser passende Gartenkonzeption.

Gartentheorien um 1900, etwa von Arthur Wiechula (1868–1941), befaßten sich mit Architektur aus Bäumen, der Nachahmung von Architektur im Garten, was neben geschnittenen Gartenräumen bis hin zu Bahnsteig- und Bürgersteigüberdachungen, Brückenkonstruktionen aus lebenden und entsprechend geschnittenen Bäumen sowie Feldscheunen und Pferdeställen mit Dachaustrieb führte. Heute gewinnen derartige Formen Geschnittener Gartenkunst wieder Aktualität in Bereichen der Biotektur.

Bis zu 8 m hohe, schmale Rotbuchenwände an den Wetterseiten von Gehöften in der hohen Eifel oder in Niedersachsen bieten einen idealen Windschutz und benötigen zudem wenig Platz hinsichtlich der den Bauernhof umgebenden, wertvollen landwirtschaftlichen Fläche.

Auch im städtischen Raum kann die räumliche Fassung eines Platzes die Entscheidung für eine geschnittene, statt einer freiwachsenden Hecke bedeuten. Ein für Menschen in früheren Zeiten ausschließlich schattenspen-

dendes, geschnittenes Baumdach kann heute zusätzlich eine platzsparende und zugleich ökologisch wirksame Grünlösung für einen Großparkplatz im städtischen Umfeld schaffen.
Buchsrabatten und -kugeln barocker oder bäuerlicher Gartentradition erleben auf der Suche nach Vergangenem und einer allgemeinen Nostalgiewelle neues Ansehen. Generell gewinnen geschnittene Vegetationsformen in unserer teils von Extravaganz und »Lust am Verrückten« geprägten Gesellschaft an Bedeutung: Geschnittene Gartenkunst hebt sich als etwas Besonderes vom Gewöhnlichen – der Anpassung an Natur und Sehnsucht nach Natürlichkeit – ab.
Was in großen Gartenanlagen und berühmten historischen Parks entstanden ist, wurde stets und wird auch heute in großer Faszination und Bewunderung für die Geschichte der Gartenkunst im Kleinen nachgeahmt und den modernen Funktionen zum Beispiel eines Hausgartens angepaßt. Mit neuer Kreativität und Erfindungsgeist können modern gestaltete Labyrinthe und Mähstrukturen in Rasenflächen als preisgünstige und phantasievolle, zeitgemäße Gartenkunst entstehen.
Professor Andersson experimentiert in seinem Privatgarten in Schweden mit dem Formenspiel geschnittener Hecken und Gehölzstrukturen. Professor Porcinai gestaltete ein Tiefgaragendach in Florenz zu einem von geschnittenen Hecken- und Rasenstücken geprägten Gartenparterre als neue Deutung des italienischen Renaissance-Villengartens. Landschaftsarchitekt Schulze verschaffte einem Hamburger Vorgarten nur durch verschieden große Buchskugeln im perfekt geschnittenen Rasen eine hohe Identifikation und einprägsame Gestaltqualität. George Hargreaves erfindet in Kalifornien Mähstrukturen mit Hilfe von zwei trockenresistenten, einheimischen Grassorten. In Deutschland führt der Autor des Buches ein ähnliches Projekt »Labyrinth als Mähstruktur« innerhalb einer großen Wiese durch. Professor René Pechères Leben und Werk als Landschaftsarchitekt in Belgien ist geprägt von Geschnittener Gartenkunst.
Wie in China und Japan, aber auch in England – topiary garden –, Frankreich und Deutschland die geschnittenen Formen zur Vollendung reiften, begleiten heute in Korea an zahlreichen Straßen kunstvoll geschnittene Gehölze als »Verkehrsgrün« den Autofahrer. Die hier erwähnten Beispiele Geschnittener Gartenkunst zeugen bereits von der Vielfalt der geometrischen Formen und der Phantasie ihrer Anwendungsmöglichkeiten.
Die Faszination des geschnittenen Gartens muß jeder für sich selbst erleben und den Reiz und Spaß in der Verwirklichung solcher Ideen entdecken. Wie sich phantasievolle Gartenlösungen mit Heckenschere und Rasenmäher realisieren lassen, soll in diesem Buch anhand von Fotos und praktischen Erläuterungen aufgezeigt werden. Jeder kann sich dieser Kunst hingeben. Er muß Geduld haben, bis die gewünschten Vorstellungen wachsen und zur Wirkung kommen. Er muß einiges über Pflanzenmaterial, Pflanzenverwendung und Pflanzung wissen und muß kontinuierlich die erforderlichen Pflege- und Entwicklungsarbeiten an den empfindlichen vegetativen Kunstobjekten durchführen. Selten erreicht ein geschnittener Garten einen für alle Zeiten endgültigen Zustand. Es liegt an der Genialität des Gestalters und Betreuers, wie er die Gesamtwirkung des Gartens erhält und diesen mit neuen Ideen und Kunstgriffen bereichert, ohne die Gefahr des Zuviel einzugehen.
Sich für einen bestimmten Zeitraum oder sich für ein ganzes Leben lang diese künstlerische und von Grund auf gesunde Beschäftigung zum Ziel zu machen und sich zugleich von den großen historischen Beispielen der Geschnittenen Gartenkunst in Abbildungen und auf Reisen anregen zu lassen, macht großen Spaß. Dem Autor würde es Freude bereiten, seine Leserschaft mit dem aktuellen Buch in einen ähnlichen Rausch der Begeisterung zu bringen.

Geschnittene Gartenkunst prägt das Stadtbild von Granada, Spanien. Die berühmte Alhambra wirkt mit ihrer ausdrucksstarken Silhouette weit über die Gartengrenze hinaus.

Geschichte der Geschnittenen Gartenkunst

Von der Antike bis zum Mittelalter

Bereits bei den Ägyptern ist der Anbau von Wein bekannt, der an Pflöcken und entsprechenden Querbalken, an laubenbildenden Säulen und manchmal auch hinsichtlich eines noch gefälligeren Anblickes in runder Form gezogen wurde. Aufgrund einer Abbildung dieser rund ausgebildeten Weinlaube nach der Beschreibung von Lepsius in seinem »Totenbuch der Ägypter« von 1842 könnte diese durchaus auch beschnitten worden sein; ob der Zweck des Schnittes allerdings eine anbautechnische, qualitätsverbessernde und somit vorwiegend funktionale oder eine bewußt ästhetische Bedeutung hatte, bleibt offen.

Die Quellen über Geschnittene Gartenkunst bei den Römern sind bedeutend sicherer. Plinius der Jüngere schreibt von seinem Landgut Tusculum, das unweit von Rom am Meer lag, unter anderem: »Davor liegt ein Xystus, durch Buxus in viele Formen abgeteilt, dann ein niedriges, sich neigendes Rasenstück, auf welchem der Bux Thiergestalten, die sich gegenüberstehen eingeschrieben hat; dann zieht sich in der Ebene eine weiche, man könnte fast sagen fließende Akanthuspflanzung hin, welche ein von verschiedentlich beschnittenem Heckenwerk (pressis varieque tonsis viridibus) eingeschlossener Spaziergang umgibt, dann folgt eine Bahn in Form eines Circus, welche mannigfach geformte Buxus und absichtlich so gezogene Zwergbäumchen (buxum multiformum humilesque et retentas manu arbusculas) einschließt. Das alles wird geschützt von einer Mauer, welche der stufenweise gepflanzte Bux deckt und dem Auge entzieht.«
Plinius der Ältere berichtet von C. Martius, der um Christi Geburt das Beschneiden von Bäumen erfunden haben soll.
Viele Topiary-Formen der Renaissance und des Barock – geschnittene Eiben, Buchs, Linden in Form von Hecken, Rabatten, Baumdächern, Parterremustern oder sonstigen Gestalten – sind bei Plinius bereits erwähnt, so daß von einer intensiven Beschäftigung mit der Geschnittenen Gartenkunst zu Zeiten der Römer ausgegangen werden kann.

Geschnittene Baumdächer begrenzen das ausgedehnte Rasenparterre in Chatsworth Garden, England.

Auch im Mittelalter zeugen Schriften von Pietro de' Crescenzi, einem Gelehrten aus Bologna (1233–1321), von geschnittenen Bäumen, die einen Palast bilden sollten: »Alle Flächen, die Gänge und Kammern werden abgemessen und bezeichnet und anstelle der Wände werden Bäume gepflanzt, leicht wachsende Obstbäume etwa wie Kirschen oder Äpfel, oder, was besser ist, Weiden, Silberpappeln oder Ulmen. Und durch Pfropfen sowie mit Hilfe von Pfählen, Latten und Bändern werden sie im Verlauf einiger Jahre soweit wachsen, daß sie Wände und Dach bilden.«

Vor allem Linden wurden im Mittelalter im Rahmen der »ars topiaria« und den entsprechenden Leit- und Schnittmaßnahmen zu regelrechten mehrstöckig benutzbaren Architekturen geformt. Dorf-, Tanz- und Gerichtslinden stellen bekannte Beispiele dar. »Es war üblich, die Äste des Baumes mit Reifen und Speichen in mehrere Etagen flachzulegen, so daß meist drei Scheiben von nach oben abnehmendem Durchmesser entstanden. Tänze und wichtige Versammlungen fanden auf dem Erdboden um die Linde herum oder in ihrem ersten ›Obergeschoß‹ statt, das in diesem Fall von Stützen und Bretterböden verstärkt wurde« (C. A. Wimmer: »Ars topiaria«).

Ähnliche Baumbearbeitungen und Schneidekünste waren übrigens auch in Japan und China bei besonders alten, kultischen oder heiligen Bäumen üblich.

Renaissance und Barock – Beispiel Frankreich

In Renaissance und Barock erlebte die Geschnittene Gartenkunst ihren Höhepunkt. Sie ging von Frankreich aus und verbreitete sich später nach England und Deutschland. Bernard Palissy theoretisiert 1563 über visionäre Gärten und Phantasiegärten, die Bauwerken aus geschnittenen Bäumen gleichkommen: »Bei den eckigen Tempeln sind Säulen, Architrave, Friese, Tympana, Frontispize und Dächer, ja sogar die Inschriften auf den Friesen und Tympana aus grünenden Ulmen« (in: C. A. Wimmer: »Ars topiaria«).

Topiary galt in dieser Zeit nicht als künstlich, sondern vielmehr als besonders nützlich. Man betrachtete die hohe Kunst von Architekturen aus lebendigen Pflanzen anstelle der aus Stein erstellten Gebäude als Geschenk Gottes. Zunächst beschränkte sich die »ars topiaria« auf figürliche Darstellungen, zierliches Bindewerk oder Schriftzüge in Verbindung mit Hecken. In der zweiten Hälfte des 17. und der ersten Hälfte des 18. Jahrhunderts lösten geometrische Einzelbäume – buissons, arbrisseaux oder Musterbäumchen – und strenge Architekturelemente die modischen, naturalistischen Formen ab.

Großartigste Beispiele von bis zu sieben Etagen hohen geschnittenen Eiben befinden sich im Latona-Parterre in Versailles. Nicht nur geschnittene Einzelindividuen und flach geschnittene Parterres, sondern auch geschnittene Baumreihen, Alleen, Lauben und Gänge aus den Arten Linde, Ulme und Kastanie waren im 18. Jahrhundert in Frankreich verbreitet. Als ein »Wunderwerk der Gärtnerey« bezeichnet Dezallier d'Argenville 1709 die Laubengänge – berceaux naturels – des Parks von Le Nôtre in Marly bei Paris.

Die Auffassung Pallisys vom Topiary als einer Gabe Gottes änderte sich im Barock. Kunstfertigkeit und Phantasie beim Anlegen Geschnittener Gartenkunstwerke stehen im Vordergrund. Zahlreiche Gartenanlagen aus dieser Zeit entstanden in Frankreich, wie gleichzeitig und später in England, Deutschland, Italien, Belgien, Holland und anderen Ländern. Erste Stimmen gegen die Topiary-Kunst kamen dann beispielsweise von Francis Bacon, 1625, auf: »Wherein I, for my part do not like images cut out in juniper or other garden stuff, they be for children.«

Während die Zeit der Aufklärung der »ars topiaria« kritisch gegenüberstand, wuchs das Thema in England von neuem mit Höchstleistungen Geschnittener Gartenkunst heran.

Der Garten von Villandry bei Tours, Frankreich, geht auf das frühe 17. Jahrhundert zurück. Geschnittene Lindenreihen, Buchshecken und Spaliere prägen auf vier Ebenen den Raum.

Guillaume Beaumont, der in Versailles bei Le Nôtre lernte, legte in England 1692 den berühmten und bis heute gut erhaltenen Garten von Levens Hall, Cumbria, an. Phantasievoll aus Buchs und Eibe geschnittene Kunstformen lassen den Betrachter immer wieder staunen.

Topiary-Kunst in England

Topiary ist geschmacklos, und man kann darüber nur noch lächeln – so das Glaubensbekenntnis der Aufklärung (C. A. Wimmer), nachdem die Hoch-Zeiten der Geschnittenen Gartenkunst in der Renaissance und im Barock zu Ende gegangen waren.
»Unsere kritischen Gärtner (...), statt der Natur nachzugehen, weichen vielmehr so sehr von ihr ab, als sie nur können. Unsere Bäume erheben sich zu Kegeln, Kugeln oder Pyramiden. Die Spuren der Schere sehen wir an jeder Pflanze und Staude. Ich weiß nicht, ob ich ein Sonderling in meinem Geschmack bin, aber ich muß leider gestehen, daß ich lieber einen Baum in aller seiner schwelgerischen Wildheit von Ästen und Zweigen sehe, als wenn er solcher Gestalt in eine mathematische Figur gehackt und geschnitten ist« (Joseph Addison: »The Pleasure of the Imagination«, 1712, The Spectator N. 414, deutsch Bd. 6, Berlin 1782, S. 106 f.)
Während zahlreiche Gärten dieser Art im Rahmen einer neuen Zeitauffassung verschwanden oder gerodet wurden, blieb der Garten von Levens Hall, Cumbria, als einer der wenigen in seinem ursprünglichen Stil bis heute erhalten. Er wurde 1701 vom französischen Gärtner Guillaume Beaumont, der in Versailles bei Le Nôtre studierte, angelegt und ist berühmt für seine erfinderisch geschnittenen Eiben und Buchssträucher in Kombination mit farbigen Blumen. Nahezu alle Formen der Geschnittenen Gartenkunst sind vertreten: Kegel, Pyramiden, Schirme, Tore, amorphe Körper, an der Oberseite stumpfartig abgeschnittene und in mehrere Ebenen durch Taillenausbildung gegliederte Pflanzengestalten, sowie von Buchsrabatten eingefaßte Beete, Kronen, auf hohen Säulen oder Zylindern aufgesetzte Kugeln oder Tiergestalten.
Marie Luise Gothein spricht in ihrer »Geschichte der Gartenkunst«, 1926, hinsichtlich Levens Hall von »Baumverschnitt«, »Taxusverschnitt« und »verschnittenen Hennen und Pfauen«: »Und wenn das Allgemeinbewußtsein sich auch anfänglich mit zögerndem Staunen dem Baumverschnitt zuwandte, so fand man hierin bald einen Schmuck, der dem Garten seine altmodische Zierlichkeit verlieh, die man mehr und mehr zu lieben begann. Man pilgerte zu Orten wie Levens Hall in Westmoreland, wo sich ein alter Garten mit merkwürdig viel von diesem opus topiarium aus dem Anfang des 18. Jahrhunderts erhalten hatte.«
Auch im Garten von Elvaston Castle wird die Topiary-Kunst bis ins Extrem betrieben. Alte Eibenexemplare wurden von weither beschafft und in den obstrusesten Formen geschnitten. Im Gegensatz zu Levens Hall gibt es keine spannungsvoll kontrastierenden Blumenfarben zu den immergrünen Gehölzen; dafür wechseln sich die verschiedenen Grüntöne der unterschiedlichen Taxusarten ab.
Zunächst bewundert, im 18. Jahrhundert verschmäht und Anfang des 19. Jahrhunderts wiederentdeckt, blieb Topiary bis heute bestehen: »Einen Taxus zu schneiden sei nicht unnatürlicher als Rasenmähen« (R. Blomfield: »The formal garden in England«, London 1892, reprint 1985, .12) und »I love the topiary art with its open avowal of its artificial character« (T. James, 1839 aus: Rose Standish Nichols »English Pleasure Gardens«, New York, 1902, S. 282). Es läßt sich in England in vielen Gärten bewundern – eine Auswahl der berühmtesten Beispiele ist im Anhang des Buches zu finden.
Während sich auf dem Kontinent Topiary weniger verbreitet hat, gilt es in England als Symbol der Nation – ursprünglich den Intellektuellen vorbehalten, wurde es später vom Volk gleich einem Sport praktiziert. Aufgrund der Extreme, die das Topiary auch hervorbrachte, wie geschnittene Teddybären, Kaffeekannen, Schriftzüge und Wappen als kitschige, unnatürliche und überflüssige Erscheinung mit wenig praktischem Nutzen schreibt Paul Edwards 1965: »Topiary is more a folk art than a fine art« (P. Edwards: »English garden ornament«, London 1965, S. 121).

Bäume und Sträucher – niwaki und karikomi – werden in Japan mittels Bambusstangen und Schnüren in die gewünschte Form gebracht. Kiefern, Azaleen und Buchs sind die bevorzugten Pflanzenarten.

Ostasiatische Gartenkunst – Beispiel Japan

Auch in der ostasiatischen Gartenkunst nehmen die geschnittenen Gartenformen eine nicht unbedeutende Rolle ein. Exemplarisch für die östliche Gartenkultur vor allem in Japan, China und Korea sei die japanische Gartenkunst an dieser Stelle ausgewählt. Der japanische Garten, der im Sinne der shintoistischen und buddhistischen Weltanschauung unabhängig von der Größe stets eine Landschaft mit Bergen, Flüssen, Tälern, Seen, Wasserfällen oder Inseln widerspiegelt, in der der Mensch Teil des Ganzen ist, lebt von einzelnen Steinen, Steingruppierungen, gerechten Kieselflächen, Moos, Bäumen und Sträuchern, die oft zu bizarren Formen geschnitten sind.
Am eindrucksvollsten kommen die geschnittenen Gartenelemente in den Zen-Gärten zur Geltung. Sie sind zu Zwecken der Meditation besonders einfach, sparsam und mit wenigen Mitteln gestaltet. Neben dem Bild »Steine mit umgebendem Sand« in der Bedeutung von Bergen und Gewässern vollenden geschnittene Büsche im Sinne von Hügeln das Gartenerlebnis. Berühmteste Beispiele sind der Ryoanji-Tempel in Kyôto (15. Jh.) und der Entsuji-Tempel (17. Jh.).
Die geschnittenen Büsche – auf japanisch »karikomi« – kommen vor allem im Typ des Trockenlandschaftsgartens – japanisch »karesansuiteien« – vor als Kugel- oder Würfelformen in Verbindung mit wenigen ebenfalls geformten Bäumen, teils von einer Mauer oder Hecke umgeben. Die »niwaki« – meist beschnittene Kiefern – werden mit Hilfe von Bambusstangen in Form gezogen und durch jährlichen Schnitt in der beabsichtigten Form gehalten.
Die »karikomi« unterteilen sich in »okarikomi« – große geschnittene Büsche – und »kokarikomi« – kleine geschnittene Büsche. Seit dem 16. Jahrhundert werden die großen Büsche eng zusammengepflanzt und in Wellen-, Berg-, Schildkröten- oder Kranichinselformen geschnitten. Ursprünglich mit Steinsetzungen kombiniert, entwickelten sie sich zu immer eigenständigeren Formen. Die kleinen Büsche wurden ab dem 18. Jahrhundert rund oder eckig als Voll- oder Halbkugeln oder als Würfel in der Bedeutung von Hügeln geschnitten. Vor allem kleinblättrige Sakaki, Buchs und Azaleenarten stellten die geeigneten Pflanzenarten hierfür dar.
Während im 18. Jahrhundert die geschnitte-

nen Gärten zu verwildern begannen und die hohe Kultur etwas verloren ging, gewinnt sie im Japan des 20. Jahrhunderts an Bedeutung. In einem 1938 von Mirei Shigemori (1896–1975) entworfenen Gartenteil des Tôfukuji-Tempels in Kyôto werden Rechtecke aus flach geschnittenen Büschen in streng geometrischer Form rechteckigen Kiesflächen gegenübergestellt. Und in einer Gartenanlage der Arztfamilie Murata gestaltete der Gartenkünstler Kinsaku Nakane um 1980 eine moderne Welt Geschnittener Gartenkunst. In dem von Ruhe und Schönheit geprägten Gartenhof dominieren organisch-skulptural geschnittene Azaleenpflanzungen, die neben der formalen Wirkung über das ganze Jahr hinweg sich als jährlicher Höhepunkt in ein üppiges Blütenmeer verwandeln.
Im Gegensatz zu den keinesfalls naturalistischen Nachahmungen von Landschaften im japanischen Garten ist der chinesische Garten oft expressiver in den Gestaltungsformen, gleichermaßen vom Buddhismus und Taoismus geprägt. Auch in Korea ist der philosophische Hintergrund der gleiche. China und Japan beeinflußten den koreanischen Gartenstil. Für den Europäer ungewohnt begleiten geschnittene Kugelbäume an manchen Orten den Straßenverlauf oder geschnittene Sträucher säumen einen Parkplatz. Auch im Privatgarten gelten besondere Felsen und geschnittene Pflanzenexemplare als wertvolles Kapital des Gartenliebhabers. Ein Erlebnis des Autors in Südkorea soll den Abschnitt über geschnittene ostasiatische Gärten beenden: Zu Besuch in einem neu erworbenen Privathaus in Kyong-Ju sollte der verwilderte Garten eines Tages etwas gepflegt und aufgewertet werden – von früh bis abends beschäftigte sich ein koreanischer Gärtner mit der vorgefundenen Wildnis, und zur Tagesneige war der Wildwuchs in ein Paradies geschnittener Gehölzkompositionen mit Vorder- und Hintergrund, Formen- und Farbvariationen und freigelegten Felsen als Blickfang verwandelt.

Geschnittene Strauchformen bei Kyongju, Südkorea.

Geschnittene Gartenkunst im Hausgarten

Links:
Buchsrabatte und Buchskugel säumen den Weg zum Hauseingang.

Rechts:
Das flach geschnittene Buchsquadrat markiert eine Wegekreuzung mit mittigem Lavendelrondell in einem Garten in Goes, Niederlande.

»Der Mensch hat das Vorrecht, aber auch die Qual der Entscheidung in den Dingen seines Gartens wie überall sonst im Leben. Ob er sich eine Wohnung einrichtet, sich kleidet oder sich irgend etwas kauft, immer geht ein Auswählen und Sich-Entscheiden voraus. Weil jedoch der Garten, ob er nun gut oder schlecht angelegt ist, in jedem Fall ein Organismus wird, ein Zusammenspiel des Lebendigen, das nicht ein für allemal fertig und zeitlich begrenzt ist, sondern sich dem ewigen Wechsel des Werdens und Vergehens unterordnen muß, so ist das Wählen viel schwieriger und jeder Entscheid viel folgenschwerer, die Freude am Gelingen aber auch viel größer und dauerhafter« (Richard Arioli in Ernst Baumann »Lebende Gärten«, Verlag für Architektur Artemis, Zürich und München, 1980, S. 5).
Wer sich für einen vor allem von geschnittenen Pflanzenelementen geprägten Garten entscheidet, muß verschiedene Eigenschaften gleichzeitig besitzen: Er muß mutig, fleißig, versessen, kreativ und geduldig sein. Absolute Perfektion und ein gewisses Maß an Humor kommen seiner Arbeit zugute. Anders als andere denken, sich zwischen Historie, Gegenwart und Zukunft bewegen und sich mit Mathematik, Philosophie, Biologie in gleicher Weise auseinanderzusetzen, macht den begnadeten Gartenkünstler aus, der meist eigenbrötlerisch seine Ideen mit der Heckenschere und dem Rasenmäher in natura umsetzt.

Die Steintreppe im Garten der Villa Rizzardi in Pojega di Negrar im Valpolicella-Tal, Italien, ist begleitet von niedrigen Buchshecken, die die anschließende Böschung strukturieren. In jedem Garten realisierbar, stellt sie hier den Zugang zu einem grünen Theater dar.

Rechts:
Wie der Garten in Ankeveen, Niederlande, präsentiert sich auch der klassische Bauerngarten mit Buchsrabatten, Buchsrondell, grünem Torbogen und dazwischen gepflanzten Stauden und Sommerblumen.

Ähnlich der Ausübung von Kammermusik durch den Musikliebhaber setzt die Geschnittene Gartenkunst innerhalb des Hausgartens eine intensive und ausdauernde Beschäftigung mit dem Thema und der Pflanze selbst voraus. Jeder geht von verschiedenen Ausgangssituationen an die gestellte Aufgabe heran.
Das einfachste ist sicher die geschnittene Hecke, die den Garten als Sichtschutz zum Nachbarn umgibt. Sie kann unterschiedlich hoch, sommer- oder wintergrün und geradlinig oder geschwungen geschnitten sein.
Um den Eingang in den Garten leicht zu finden und ihn als markanten Ort zu definieren, eignet sich ein halbrund oder kastenförmig geschnittener Torbogen. Ist der Nachbar freundlich, macht sich die Geste einer leicht versetzten Hecke gut, die den Durchgang von Garten zu Garten erlaubt und zusätzlich räumliche und perspektivische Wirkung erzeugt. Auch ein in die Hecke geschnittenes Fenster hat seinen Reiz.
Im Inneren des Heckenraumes läßt sich die Geschnittene Gartenkunst natürlich fortsetzen: blockartige Elemente um den Mittelpunkt des Gartens, Beeteinfassungen aus Buchs mit Buchskugeln, ein von einem geschnittenen Ligusterring umgebener Brunnen oder von niedrigen Hecken fortgesetzte Steinstufen und vieles mehr.

Der Vorgarten im dänischen Städtchen Lyngby fällt durch seine blockhaft geschnittenen Ligusterwürfel und -kuben auf. Aufgrund der einfachen, aber signifikanten Gestaltung des Eingangsbereiches läßt sich das Haus für den Besucher schnell finden.

Eine besonders eindrucksvolle Lösung einer Vorgartengestaltung schuf der Landschaftsarchitekt Andreas Bruun in Lyngby, Dänemark. Blöcke aus Liguster *(Ligustrum vulgare atrovirens)* sind in Kuben und Rechtecken unterschiedlicher Höhe geschnitten und im Haupteingangsbereich zu einem dreidimensionalen Parterre gestaltet. Zwischen den geschnittenen Pflanzenkörpern führt der Weg auf sehr signifikante Weise zum erhöhten Hauseingang, von dem aus man das kleine Parterre überblickt. Stauden, ein kleines Rasenstück und bodendeckende Arten wie Efeu *(Hedera helix)*, Immergrün *(Vinca minor)* und Johanniskraut *(Hypericum calycinum)* bereichern das Gesamtbild. Wer das Haus einmal besucht hat, wird es aufgrund der originellen Vorgartengestaltung immer wieder finden.

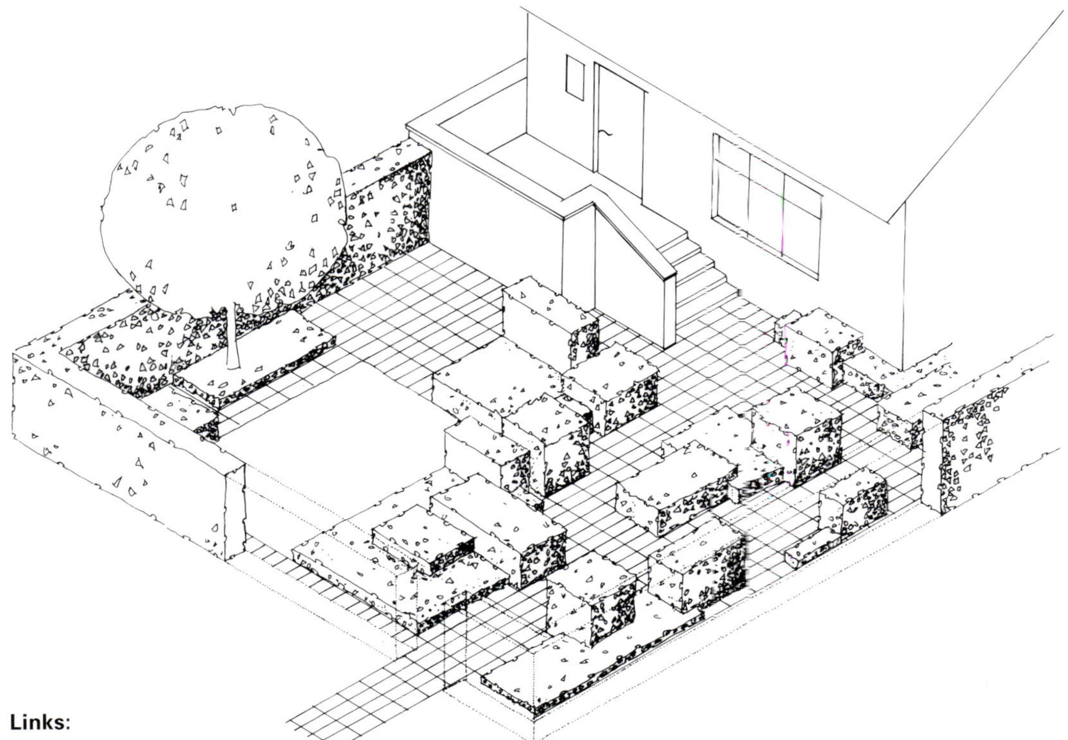

Links:
Auch im rückwärtigen Gartenteil setzt sich die Geschnittene Gartenkunst in Kugelformen fort.

Oben:
Isometrische Darstellung des Gartenentwurfes des dänischen Landschaftsarchitekten Andreas Bruun.

Auch C. Th. Sørensen stellt in seinem berühmten Buch »39 Gartenpläne für ein Stück Land« interessante Ideen für geschnittene Garträume vor. Vier Gärten seien hier erwähnt:

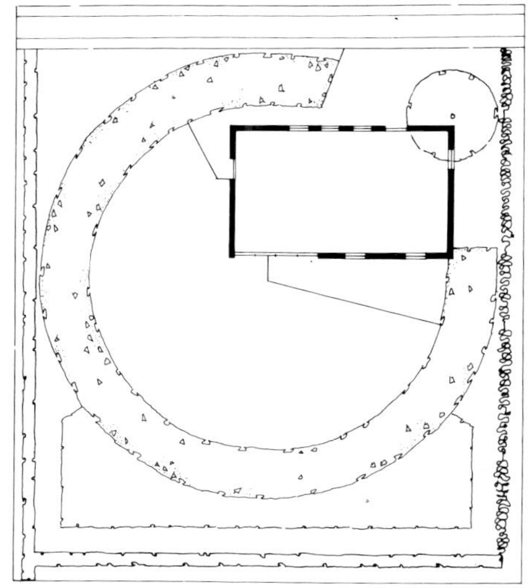

Eibentunnel:
»Der Garten wird völlig beherrscht von einem Laubengang: durch eine breite und hohe Hecke führt ein langer Tunnel. Man muß für die Ausformung etwa 5 bis 10 Jahre rechnen. Dann wird der Garten eine Sehenswürdigkeit sein.«
»Wem Gärten Leben und Welt bedeuten, der wundert sich, wie selten man etwas Derartiges findet, das doch jedesmal ein großes Erlebnis bedeutet. Warum sind solche Dinge so selten? Mangelt es an Phantasie oder an kindhaftem Gemüt? Oder vielleicht sind wir nicht so geduldig wie frühere Generationen?« (C. Th. Sørensen »39 Gartenpläne für ein Stück Land«, Abakon Verlag, 1979, S. 68).

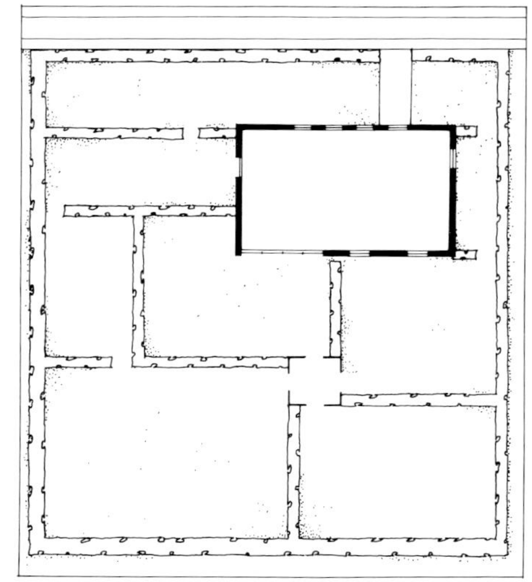

Viele Räume:
»Zusammen mit dem kleinen ›Zentralbau‹ gibt es neun Räume in diesem Garten. Das kann man wie die große, weite Welt empfinden. Besonders für Kinder wird der Garten spannend sein, aber auch für jemanden, der gute Skulpturen sammelt, ist er geeignet. Die Hecken sollten die gleiche Höhe haben wie die Wände des Gartens (z. B. aus Buche wie die Westhecke), sie sollen alle aus einem Material sein und gut gepflegt.«
»Viele Räume – im ganzen neun; mehr können es kaum sein. Auf jeden Fall sollen alle Hecken aus derselben Pflanzenart bestehen; die äußeren Hecken eingeschlossen. Es ist dabei an Buche gedacht, so daß man die Buchenhecke des Nachbarn im Westen einbeziehen kann – es war ja Voraussetzung, daß wir deren Höhe bestimmen können« (C. Th. Sørensen, siehe oben, S. 70).

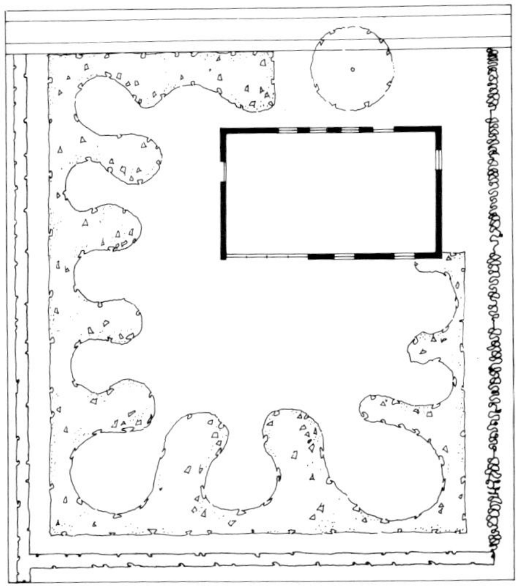

Grüne Skulpturen:
»Es wird wohl viele Jahre dauern, diesen Garten zu schaffen; denn die wenigsten Eigentümer werden reich genug sein, um sich große Pflanzen kaufen zu können. Die Anlage habe ich mir so vorgestellt, daß die gezeigte Figur aus Buchs gepflanzt wird, am besten aus der großblättrigen Art, und zwar mit so großen Pflanzen wie nur möglich. Acht bis zehn Jahre nach dem Pflanzen kann der Künstler anfangen, das Grün zu formen, und 15 Jahre nach der Pflanzung ist ein Skulpturwerk entstanden, das – wenn der Künstler der Aufgabe gewachsen war – eine Wallfahrt lohnt. Der Garten müßte von einem Bildhauer verwirklicht werden, der an der Sache wirklich interessiert ist. Ja, mehr noch: er sollte jung sein, so daß er selbst mit Wahrscheinlichkeit sein Lebtag daran schneiden könnte. Ein mehr prosaischer, gärtnerischer Rat: Buchspflanzen sind ›starkzehrend‹, sie lohnen guten Boden, Dünger und reichlich Wasser mit kräftigem Wachstum. Somit wird die Geduld nicht ungebührend auf die Probe gestellt« (C. Th. Sørensen, siehe oben, S. 86).

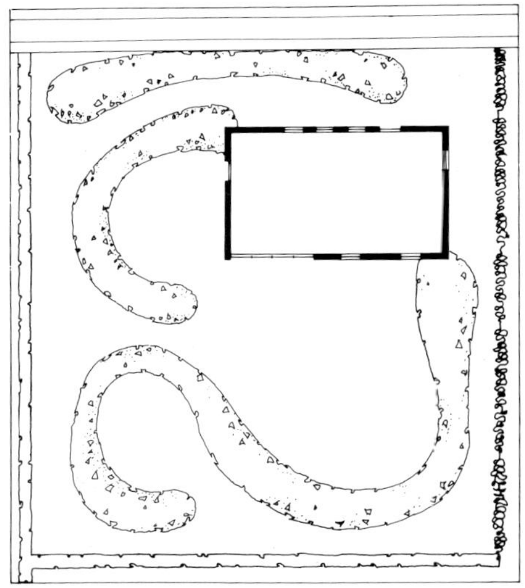

Grüne Wälle:
»Das sieht zunächst einmal nach gar nichts aus. Das Konzept des Gartens ist kaum vorstellbar. Aber einer, der versteht, was gemeint ist, und Geduld hat, es zu verwirklichen, kann einen besonders schönen Garten bekommen. Man versuche, sich eine Weißdorn- oder Schlehenhecke vorzustellen, die man irgendwo gesehen hat, von Tieren zu halbrunden Wällen angeknabbert. So dachte ich mir diese Formen. Die Wälle werden oben rund geschnitten, jedoch nicht zu regelmäßig.«

»Grüne Skulpturen, grüne Wälle. Es ist schwierig, die richtige Pflanze dafür auszuwählen. Stechpalme wäre gut geeignet, außerdem Buchs, Weißtanne oder vielleicht auch die von vielen Gartenästheten verschmähte Blaufichte. Man kann das ganze auch zu Skulpturen ausformen, ja, das müßte eigentlich das Ergebnis sein. Aber der Eigentümer muß sich auf dumme Fragen vorbereiten, wenn in den ersten 10 Jahren seine Pflanzen nur eben auf schlangenförmigen Beeten stehen, obwohl das auch nicht viel anders aussieht als die ›modernen Gärten‹« (C. Th. Sørensen, siehe oben, S. 82).

In Vibedehus bei Fakse, Dänemark, schreibt C. Th. Sørensen siamesische Schriftzeichen in Buchs.

Zum Gartenbeispiel Vibedehus bei Fakse, Dänemark, sei nochmals der Schöpfer der Anlage zitiert: »Es sind siamesische Schriftzeichen, die etwa bedeuten: ›Mein Herz wird demütig‹. Ich wundere mich immer darüber, daß die Gärtner in England – und dort mehr als in romanischen Ländern – vor Jahrhunderten schon abstrakte Figuren formten, ja, daß überhaupt abstrakte Kunst auftrat, denn auch gewisse Parterre und Blumenbeete sind etwas ganz anderes als nur Ornamente. Die englischen Gärtner schufen eine Art von Parterre, das sie ›knotted beds‹ nannten: das Muster war dicht und recht einfach, besonders auffallend durch die Verwendung von mehreren verschiedenen Pflanzen, es erinnert an orientalische Teppiche. Da gab es Buchs und Lavendel, Rosmarin und Ysop sowie andere grau- und gelblaubige Pflanzen. Diese Beete waren gestalterisch viel eigenständiger als die geometrischen Teppichbeete, die in England ebenso dazugehörten« (C. Th. Sørensen: »39 Gartenpläne für ein Stück Land«, Abakon Verlag, 1979, S. 82).

Zwei Wettbewerbsentwürfe des Autors für die Innenhöfe zum Berufsbildungszentrum für Elektrotechnik, München, versuchen den Schaltplan eines Transistorradios mit Hilfe von niedrigen Buchsrabatten, Buchskugeln und Hochstämmchen in Gärten umzusetzen.

Folgende Seiten:

Eine Sequenz unterschiedlich geschnittener Gehölzformen grenzt den Garten zur Casa de Rampo in Celorica de Basto, Portugal, ab. Mit Spannung erwartet der Besucher das sich dahinter verbergende Gartenreich.

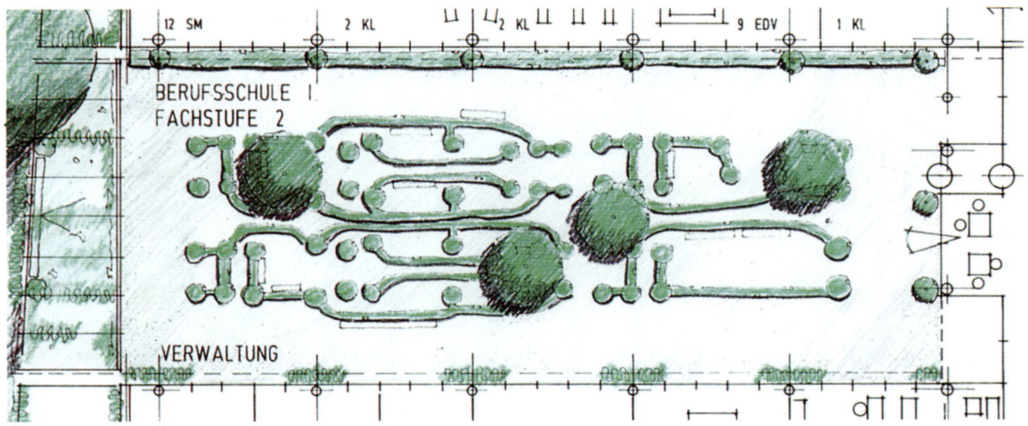

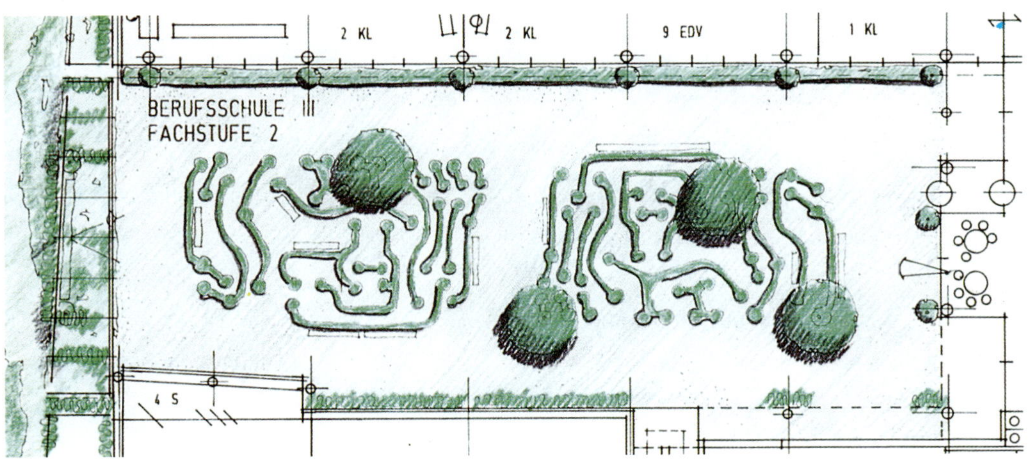

Erstaunlich ist bei allen erwähnten Beispielen, welch eindrucksvolle Gartenlösungen im Rahmen der Geschnittenen Gartenkunst auf engstem Raum verwirklicht werden können. Hinzu kommen Gestaltungen mit Spalier, Labyrinthen und einzelnen kunstvoll geschnittenen Gehölzen.
In heutiger Zeit entstehen Computer- und Chips-Gärten aus geschnittenen Buchshecken und farbigen Kieselsteinen oder Gartenhöfe eines Berufsbildungszentrums für Elektrotechnik, die nach Funktionsschemen von Transistorradios ebenfalls aus Buchs gestaltet sind.
Der Phantasie sind keine Grenzen gesetzt. Die Geschnittene Gartenkunst kommt auch im Hausgarten immer mehr in Mode. Die Freude an etwas Besonderem, Außergewöhnlichem im Garten und ein gewisses Maß an Extravaganz spielen dabei eine Rolle. Entsprechende Pflanzenqualitäten sind in den Solitärbaumschulen verfügbar, und das Warten auf den Erfolg wird mit Hilfe von langjährig vorgezogener Baumschulware verkürzt. Die Entscheidung, sich bei seinem Garten der Topiary-Kunst hinzugeben, ist leichter geworden. Die Sicherheit des Gelingens bleibt weiterhin – gemäß Richard Arioli zu Beginn des Kapitels – dem »ewigen Wechsel des Werdens und Vergehens« untergeordnet.

Pflanzenkunde – Arten, die sich zum Schneiden eignen

Es sind wenige klassische Gehölze, die aufgrund ihrer über lange Jahre bewährten Schnitteigenschaften immer wieder für Baumdächer, Alleen, Laubengänge, Hecken und Solitärformen verwendet werden. Eibe, Buchs, Rotbuche, Hainbuche, Linde und Platane gehören dazu. Einige Arten mehr ergänzen die Auswahl des geeigneten Gehölzes für das entsprechende Vorhaben.
Für geschnittene Baumdächer verwendet man gerne Linde und Platane. Für Hecken eignen sich Rotbuche, Hainbuche, Buchs, Eibe, Kornelkirsche, Liguster. In Kurzbeschreibungen werden die wichtigsten Gehölze für den Formschnitt vorgestellt.

Buchs – *Buxus sempervirens*
Buchs wächst langsam und dicht und eignet sich durch seine Regenerationskraft für Figurenschnitt, Beeteinfassungen, Kübelpflanzen und Solitärformen. Buchs läßt sich über Stecklinge vermehren und kann bis zu 3,50 m hoch werden.
Für Hecken oder Formschnitte müssen die Pflanzen im ersten Jahr stark zurückgeschnitten werden. Prinzipiell wird ein- bis zweimal pro Jahr im Hoch- bis Spätsommer zur Heckenschere gegriffen. Wird ein starker Rückschnitt erforderlich, ist dieser im Frühjahr nach den Winterfrösten durchzuführen. Soll ein Formbaum entstehen, wird ein Leittrieb durch Entfernen der Konkurrenztriebe gefördert.

Eibe – *Taxus baccata*
Die Eibe ist eine der wertvollsten Heckenpflanzen unter den Nadelgehölzen. Sie ist hervorragend für den Formschnitt geeignet. Bei dem hohen Ausschlagvermögen dieser Gehölzart, die bis zu 25 m hoch werden kann, langsam wächst und schattenverträglich ist, lassen sich runde wie kantige Formen ohne Schwierigkeit mit der Heckenschere schneiden. Zudem wird die Eibe bis über 100 Jahre alt. Kugeln, Kegel, Spiralen, Halbkugeln, Pyramiden, Tiergestalten, Labyrinthe, grüne Theater, Heckenzinnen, Tunnels und vieles mehr findet sich aus Eibe kunstvoll geschnitten in ganz Mitteleuropa, in England, im Artland bei Osnabrück oder in Italien. Berühmt ist auch die in unregelmäßigen Formen geschnittene, besonders ausdrucksstarke, dunkle Eibenhecke von Montacute, Somerset, England. Durch jährliches Stutzen erreicht man perfekte dichte Oberflächen. Junge Pflanzen müssen bis zu dreimal im Jahr, ältere Pflanzen einmal zu Beginn der Wachstumsphase geschnitten werden. Alte aus der Form geratene Exemplare vertragen im Herbst einen starken Rückschnitt, um im Frühjahr wieder üppig auszutreiben. Die Eibe »läßt sich so bereitwillig in eine Mauer, eine Laube, einen Bo-

gen oder eine Säule formen, daß ihr der erste Platz unter den Pflanzen zukommt, die für diesen Bereich der bildenden Kunst verwendet werden, der gewissermaßen das Bindeglied zwischen Architektur und Gärtnerei darstellt« (Gertrude Jekyll und Lawrence Weaver: »Gardens for Small Country Houses«, 1911).
In südlicheren Gefilden Mitteleuropas übernimmt der für Figurenschnitt ähnlich begehrte Buchsbaum die Oberherrschaft.

Hainbuche – *Carpinus betulus*
Ähnlich wie die Rotbuche ist die Hainbuche vor allem für den Heckenschnitt geeignet. Besonders erwähnenswert ist die von Natur aus kegelförmig wachsende *Carpinus betulus* 'fastigiata'.
Bei Heckenschnitt im Spätsommer erreicht man, daß die Blätter den Winter hindurch an den Zweigen haften bleiben.
Der Schnitt muß mindestens einmal, bei stark wachsenden Hecken zweimal jährlich im Früh- und im Spätsommer durchgeführt werden. Die Hainbuche kann auch »auf den Stock gesetzt«, das heißt radikal heruntergeschnitten und in eine neue Form gebracht werden.

Kieferarten – *Pinus contorta, P. mugo var. mughus. P. nigra ssp. nigra, P. sylvestris, P. sylvestris* 'Waterii', *P. strobus*
Kiefern lassen sich – man denke an China und Japan – in vielfältige, individuelle, flachkompakte oder handgestaltete Formen schneiden. Die kleinste Form ist der Bonsai. Riesige alte Kiefern werden als Heiligtum verehrt und jährlich beschnitten, um ihre besondere Wuchsform zu erhalten und zu entwickeln: Dies geschieht mit der Schere oder durch Pinzieren (Stutzen) der zu Beginn der Vegetationsperiode getriebenen Kerzen. Einige Erfahrung wird hier vorausgesetzt.
Bei der Weymouthskiefer – *Pinus strobus* –, die aufgrund ihres etagenförmigen Wuchses meist zu Stufenbäumen geformt wird, sind die Zweige nicht gleichmäßig begrünt. Innerhalb der benadelten Zonen muß geschnitten werden, damit der Neutrieb zwischen den Nadelansätzen angeregt wird. Ein Schnitt außerhalb der Nadelpartien führt zum Austrocknen der Sprosse bis zu den Nadelständen des Vorjahres.

Links:
Eibe – Taxus baccata

Unten:
Buchs – Buxus sempervirens

Liguster – *Ligustrum vulgare*
Liguster ist meist kostengünstiger als Eibe, Buchs oder Buche und wächst schneller als Eibe und Buchs. Die Art *Ligustrum vulgare* 'atrovirens' behält ihre Blätter den Winter über. Aufgrund der guten Schnitteigenschaften lassen sich mit Liguster Hecken, Torbögen und allerlei Figuren formen. Um glatte Oberflächen zu erreichen, muß regelmäßig, bis dreimal jährlich geschnitten werden. Der Formschnitt wird etwa alle zwei Wochen während des Sommers, ein erforderlicher Rückschnitt im Frühjahr durchgeführt.
»Liguster ist besonders für noch ungeübte Kunstgärtner empfehlenswert, denn er verkraftet beim Formieren auch Ausrutscher« (B. Gallup, D. Reich: »Geformte Pflanzen«, Köln, 1989, S. 305 o.).

Platane – *Platanus x acerifolia*
Die Platane als stadtklimaresistenter, windfester und salzverträglicher Baum von bis zu 25 m Kronendurchmesser läßt sich dachförmig schneiden; der Schatten der Baumschirme lädt zum Promenieren und Verweilen ein. Platanendächer unterliegen ähnlichen Schneidemaßnahmen wie Linden. Zahlreiche Plätze südlicher Länder sind von der Baumart mit der hellen, sich ablösenden Rinde geprägt. Oft befinden sie sich an Uferpromenaden, zum Beispiel am Genfer- oder Gardasee.

Rotbuche – *Fagus sylvatica*
Die Rotbuche behält ihre Blätter über den Winter – im Sommer grün, im Winter braun – und bildet dichte Hecken von unterschiedlicher Breite und Höhe.
In der Eifel wird die Buche bis zu 8 m Höhe wandartig geschnitten. Torbögen und Fenster können Einblicke in die Heckenräume oder »Gartenzimmer« gewähren.

Gestaltung eines Vorgartens in England mit geschnittenen Gartenformen.

Der Heckenschnitt erfolgt wie bei der Hainbuche. Das »auf den Stock Setzen« verträgt die Rotbuche nicht.

Sommerlinde, Krimlinde – *Tilia platyphyllos* und *T. x. euchlora*
Beide Lindenarten eignen sich hervorragend für Alleen, geschnittene Baumdächer, Arkaden und Kastenformen. In Hinblick auf die erforderlichen Schneidearbeiten sei auf den Garten »Schloß Schönbrunn« bei Wien innerhalb des Kapitels »Geschnittene Gartenkunst im Winter« verwiesen. Im Barock- und Renaissancegarten beliebt für strenge Wegeachsen oder Boskettgestaltungen, hat die geschnittene Linde im heutigen Städtebau an Plätzen, Straßen und repräsentativen Eingängen, auf engem Raum oder zur ortsprägenden Wirkung eine neue Bedeutung.

Heckenkirsche – *Lonicera xylosteum* und andere **Arten, insbesondere Chinesisches Geißblatt** – *Lonicera nitida*
Letzteres wird nur ca. 1 m hoch, immergrün, dicht wachsend mit kleinen, dunkelgrünen Blättern; für Hecken, Kugeln, Figurenschnitt geeignet, wächst schnell und erfordert häufigen Schnitt, bis viermal jährlich.

Lebensbaum – *Thuja occidentalis*
prädestiniert für Heckenschnitt, leider oft zu monoton im Siedlungsgrün verwendet. Da die Art schnell wächst, ist mehrmaliges, regelmäßiges Schneiden erforderlich.

Echter Lorbeer – *Lauris nobilis*
in Mitteleuropa nur in Töpfen zu pflanzen zur frostfreien Überwinterung; zur Dekoration auf der Terrasse, am Eingang; Kegel, Kugel-, Pyramidenschnitt, sonstige Formen. Schnitt zweimal oder öfters während des Sommers.

Pfaffenhütchen – *Euonymus hamiltonianus ssp. sieboldianus*
wenig verwendet, aber gut schnittverträglich, reicher hell- bis karminrosa Fruchtbehang; Kugelschnitt, Kugel auf Stamm.

(Winterduft-)Schneeball – *Viburnum farreri (V. fragrans)*
von Blüte und Duft her edles Gehölz, das sich gut zum Heckenschnitt eignet.

Stechpalmenarten – *Ilex aquifolium* 'I. C. van Tol', *I. crenata* 'Rotundifolia', *I. x meserveae* 'Blue Prince'
immergrün, an geschütztem Standort, Wintersonne, Ostwinde und extreme Fröste nicht vertragend, Kugelschnitt, Kugel auf Stamm, Kegel, Hecke, Figurenschnitt. Die Arten mit weniger stachligen Blättern sind leichter zu schneiden.

Weißdorn – *Crataegus monogyna* und **Rotdorn** – *Crataegus laevigata* 'Paul's Scarlet'
anspruchslos, in voller Sonne, dicht wachsend, Frühjahrsblüte, Herbstfärbung, für Hecken- und Figurenschnitt geeignet. *Crataegus monogyna* verträgt »auf den Stock Setzen« gut.

Zierapfelarten – *Malus* 'Evereste', *Malus* 'Tina'
strauchartig wachsende Zieräpfel, die sich gut als Hecken, Kugeln oder Halbkugeln auf Stamm schneiden lassen.
Totholz im Februar entfernen und Formschnitt im März.

Wacholder – *Juniperus*-Arten
von kriechender Wuchsform bis zu 30 m hohen Bäumen, diesbezüglich für den Formschnitt geeignet, weniger für Hecken.

Zusätzlich zu den Gehölzen gibt es Kleingewächse, mit denen sich auch Geschnittene Gartenkunst verwirklichen läßt.

Bubiköpfchen – *Soleirolia soleirolii*
als hellgrüne, moosartige Zimmerpflanze bekannt, bildet schnell Wurzeln und breitet sich bodendeckend aus, bei Entfernen der überschüssigen Triebe erhält man saubere geschnittene Flächen oder reliefartige Figuren.

Links:
Das Hell- und Dunkelgrün junger Eibentriebe.

Unten:
Gemischte Hecke mit Stechpalme – Ilex aquifolium.

Lavendel – *Lavandula angustifolia angustifolia*
tief violett (Sorte 'Hidcote') oder weiß (Sorte 'Alba') blühend und ca. 50 – 60 cm hoch, duftend. Verwendung als geschnittene Fläche oder Einfassung im Parterre oder als Hochstamm; der Schnitt wird nach der Blüte durchgeführt; eventuell wird dadurch eine zweite Blüte erreicht. Starkes Schneiden führt zur Verholzung im Alter.

Myrte – *Myrtus communis*
weiß blühend und blauschwarze Beeren tragend, duftet die Pflanze besonders beim Beschneiden. Verwendung als kugelförmig geschnittenes Hochstämmchen im Sommer auf der Terrasse.

Rosmarin – *Rosmarinus officinalis*
lavendelfarbene Blüte, sowohl die kriechende als auch die aufrecht wachsende Art eignet sich für mehr oder weniger komplizierte Schnittformen in kleinem Maßstab. In mildem Klima kommt das Würz- und Heilkraut als Hochstämmchen im Parterregarten vor. Im März sollen abgestorbene Teile herausgeschnitten und überlange Triebe gekürzt werden. Bei überaltertem Rosmarin sollen alle Triebe im April bis zur Hälfte heruntergeschnitten werden.

Rechts:
Die abgestuften, kantigen Eibenhecken aus dem Garten von Knightshayes Court in Tiverton, Devon, England, sind über 100 Jahre alt.

Links:
Streng geschnittene, kompakte Heckenblöcke bilden einen eindrucksvollen Kontrast zur hellgrünen Baumkulisse im Hintergrund.

Links:
Geschnittene Hecken und Rabatten erhalten eine besondere Leichtigkeit, wenn der anschließende Rasenweg nach englischer Manier an den Seiten sauber abgestochen ist. Das Beispiel stammt aus Nisse, Niederlande.

Rechts:
Spirale, Kegel, Tiergestalt und vieles mehr vereinen sich zu einem amüsanten Ensemble.

Gemütlich ruhen die mächtigen Kugeln in der weiten Rasenfläche.

Wie ein Zeiger ragt die Eibenpyramide in Levens Hall, Cumbria, empor.

»Lustiges Treiben« von geschnittenen Figuren.

**Variationen
über das Thema »Buchs«**

Buchs – *Buxus sempervirens* – gehört zu den Gehölzarten, die sich am besten zum Formschnitt eignen. Er behält den ganzen Winter über die Blätter und damit seine vom Menschen in den unterschiedlichsten Formen geschnittene Gestalt. Kugeln, Rabatten, Hecken, Halbkugeln, Kegel, Kastenformen, aber auch Bänke, Sessel, grüne Gebäude, Pyramiden, Säulen, Spiralen, Menschen, Tiere und noch vieles mehr lassen sich aus dieser Pflanzenart mit Hilfe einer Gartenschere formen.
Bereits Plinius der Jüngere schreibt über derartige Pflanzungen in seinem Landhaus Tusculum: »Da wandelt der Buchs selbst sich in tausend Gestalten, zuweilen in Buchstaben, welche bald den Namen des Besitzers, bald des Gärtners verkünden. Kleine Pyramiden erheben sich abwechselnd, und abwechselnd sind Obstbäume dazwischen« (C. Plinius C. Secundus: »Epistolarum libri decem«, Buch V, Brief 6, deutsch von Gustav Meyer im »Lehrbuch der Schönen Gartenkunst«, Berlin 1859/60, Sep. 20 ff.).
Auch Plinius der Ältere und Vitruv schildern Triumphzüge, See- und Landschlachten, Jagden und Liebesgeschichten, die figürlich aus Buchs geschnitten waren.
In der Renaissance- und Barockzeit erlebte der Buchs als geschnittener Solitär oder als Rabattenpflanzung seinen Höhepunkt in den berühmten Parkanlagen in Deutschland, zum Beispiel Hannover-Herrenhausen, München-Nymphenburg, Frankreich, Italien und anderen Ländern. Heute ist der Buchs von neuem in Mode gekommen. Von den zahlreichen, weltweit verbreiteten Buchsarten werden in Deutschland vorwiegend folgende Sorten auf dem Markt angeboten: *Buxus sempervirens var. sempervirens (var. arborescens)*, *Buxus sempervirens* 'Handsworthiensis' und *Buxus sempervirens* 'Rotundifolia' als hoher Buchsbaum und *Buxus sempervirens* 'Suffruticosa' als Einfassungs- und Beetbuchs.
Während der Einfassungsbuchs meist als Topfballen- und Meterware in einer Höhe von 10–15 cm gepflanzt wird, um letztendlich eine Höhe von 20–50 cm zu erreichen, kann der hohe Buchsbaum als zweimal verpflanzter Busch ohne Ballen oder im Container in Höhen von 15–40 cm oder als Solitär bis zu siebenmal verpflanzt, aus extra weitem Stand, mit Drahtballierung, Höhe 175–200 cm und höher, Breite ca. 125–150 cm in Baumschulen erworben werden. Spezialisierte Solitärbaumschulen bieten heute Formgehölze in allen Variationen und Größenkategorien von Kugel-, Kegel-, Pyramiden-, Würfelformen bis zu den diversen Tiergestalten an.
Für einen Buchssolitär, viermal verpflanzt, mit Ballen, 50–60 cm hoch, muß man ca. 100,– bis 120,– DM ausgeben; für einen Solitär siebenmal verpflanzt mit Drahtballierung, aus extra weitem Stand – d. h. die Pflanze konnte sich in der Baumschule in allen Richtungen optimal und in voller Schönheit entwicklen –, Breite 125–150 cm, Höhe 175–200 cm muß man ca. 3000,– bis 3500,– DM bezahlen; über lange Jahre gezogene und für den Verkauf vorbereitete Tiergestalten und Sonderformen in entsprechender Größe lassen den Preis nach oben offen.

Schmuckvolle Buchsgirlanden und mit Ornamenten versehene Kiesflächen zieren einen Innenhof in Amsterdam.

Buchsvariationen: Buchskugeln

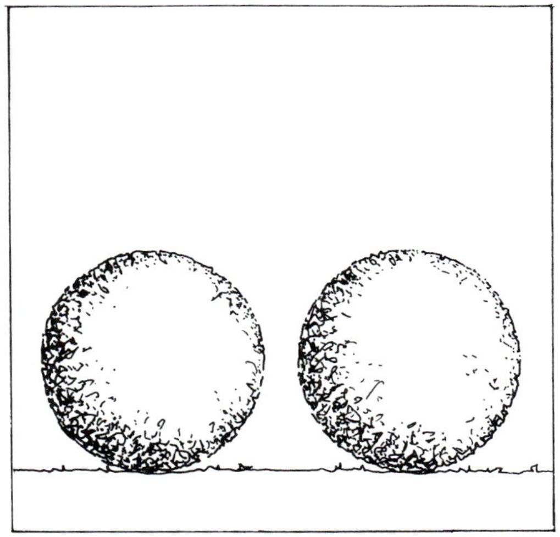

Buchsspindel

Kombination Buchskugel – Buchsrabatte mit Stauden

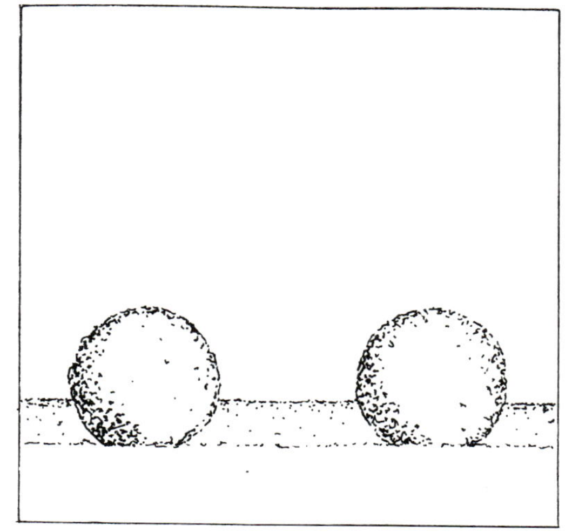

Buchsrabatten in geraden und geschwungenen Formen – flächig und plastisch

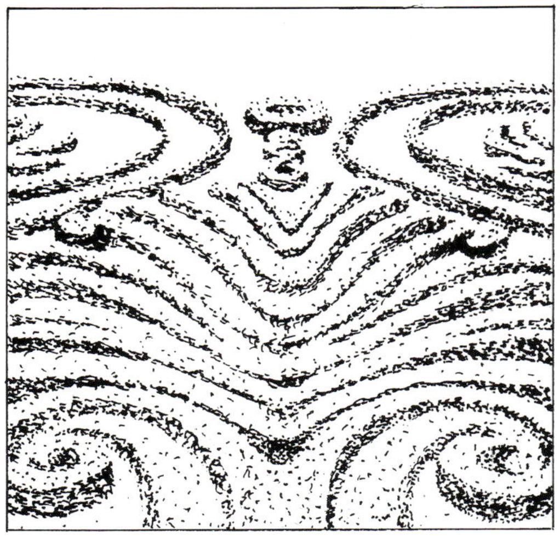

Buchsweg

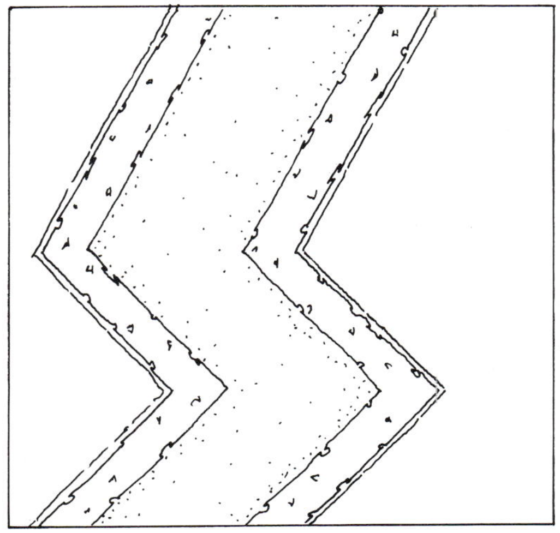

Buchsfläche im Raster oder in Blöcken

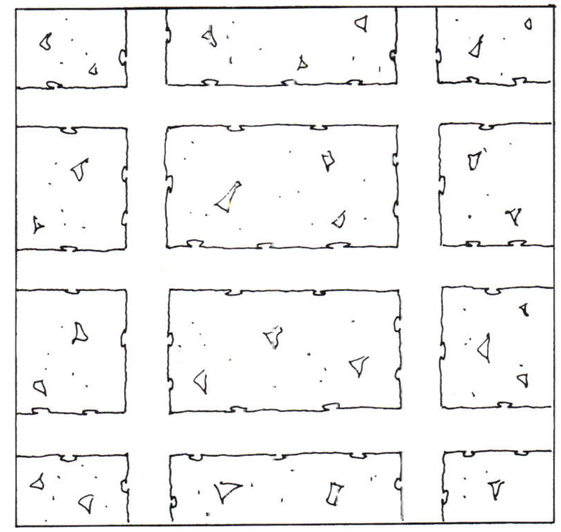

Zusammenstellung der wichtigsten Buchsarten

Art	Wuchs	Laub	Verwendung
Buxus sempervirens var. sempervirens (B. s. var. arborescens) Hoher Buchsbaum	aufrecht mit geschlossener Krone, langsam wachsend, 200–300 cm hoch, alte Sträucher bis 500 cm	immergrün, bis 3 cm, eilänglich, ledrig, dunkelgrün, glänzend	Unterwuchs, freiwachsende und geschnittene Hecken, hist. Parkanlagen, Hintergrund für Rosen, Bauerngarten
Buxus sempervirens 'Handsworthiensis' Hoher Buchsbaum	aufrecht mit steif aufstrebenden Grundtrieben, sehr langsam wachsend, ca. 200 cm hoch, äußerst selten höher	immergrün, bis 4 cm, dunkelgrün, etwas glänzend, im Winter oberseits braun/schwarzgrün, unterseits ockerfarben	Einzelstellung, Unterwuchs oder in Pflanzkübeln
Buxus sempervirens 'Rotundifolia' Hoher Buchsbaum	kräftiger Wuchs, später breitbuschig rundlich; gute Frosthärte, großer Strauch, im Alter kleiner Baum	immergrün, bis 3 cm lang, rund bis eiförmig, ganzjährig unverändert bläulich grün, nicht glänzend	für Kugelform geeignet
Buxus sempervirens 'Suffruticosa' Einfassungs-/Beetbuchs	dichtbuschig, aufrecht und langsam wachsend 60–100 cm hoch	immergrün, bis 1,5 cm lang, eiförmig, ausgerandet, ledrig, hell- bis frischgrün, im Winter Spitzen bräunlich	Einfassungshecken, histor. Gärten und Parks, Bauerngärten

Links:
Buchsvariationen im Garten der Villa Rizzardi in Pojega di Negrar im Valpolicella-Tal, Italien.

Unten:
Kegel, Kugeln, Kreise und Rabatten auf einer Kies-Terrasse in Hörstel-Riesenbeck, Deutschland.

Die Rinde ist bei allen Arten gelb bis olivgrün, später kahl grau-schwarz. Die Blüte ist ca. zwei Wochen im April bis Mai gelbgrün, aber unscheinbar; sie stellt sich nach 10–15 Jahren ein und ist aromatisch duftend. Dicht verzweigte Feinwurzeln durchwurzeln den Boden fest; einzelne Hauptwurzeln reichen tief herunter, andere breiten sich in die Weite aus.
Der heimatliche Standort ist Mittel- und Südeuropa, im Unterwuchs von Buschwäldern. Mäßig trockene bis frische Schotter- und Kiesböden, sowie sandig-humose Lehme werden von der Buchspflanze bevorzugt – ebenso reife Böden.
Buchs verträgt gut kalkhaltige Standorte im schwach sauren bis stark alkalischen Bereich (über ph 7,4); er verträgt Oberflächenverdichtung schlecht, ist sehr rauchhart und für das Stadtklima ebenso geeignet wie auf dem Land (nach: Wörlein, »Der Gehölzberater«, Dießen 1995).
Buchs sollte erst nach Ende der Winterfröste geschnitten werden. Der Schnitt muß 1–2mal pro Jahr durchgeführt werden. Da der Buchs ausreichend Bodenfeuchte benötigt, ist ein intensives Gießen wichtig.
»Die Blattoberfläche und damit die Verdunstungsrate von Buchsbaum und Buchsbaumformen wird oft unterschätzt. Eine Kugel von 90 cm Durchmesser hat eine geometrische Oberfläche von etwa 2,5 m^2. Die Blattoberfläche beträgt jedoch ein Vielfaches, nämlich mehr als 8 m^2. Dies entspricht etwa der Oberfläche eines VW-Golf! Damit wird

deutlich, wie wichtig es ist, die Bewässerung auf diese hohe Blattoberfläche abzustimmen« (Lorenz von Ehren: Baumschulkatalog, 1995/96, S. 6–III).

Typologie der Schnittformen

Das Prachtexemplar dieser alten etagenförmig geschnittenen Eibe steht in Levens Hall, Cumbria, England.

Die Vielfalt der Schneideformen und ihre Kombinationen sind beachtlich. Jede Topiary-Kunst beginnt aber mit den einfachen geometrischen Grundformen.
Zunächst muß aus der in der Natur freiwachsenden Pflanze beispielsweise ein Kubus geschnitten werden, um danach diesem eine nach innen versetzte Halbkugel aufzusetzen. Ausgewählte Triebe werden stehen gelassen und entsprechend gebogen, so daß sie auf dem Kubus, Zylinder oder Kegel eine Kugel, eine Spirale, eine Krone, einen Nagel oder jede andere Phantasieform ergeben. Nicht alles gelingt alleine mit der Heckenschere. Bei komplizierten Kombinationen oder freien Figuren behilft man sich mit Drahtgestellen und Bambusstöcken als Stützkonstruktion für das entstehende vegetative Gebilde.
In Deutschland beschreibt ein Rostocker Arzt, Peter Lauremberg, in seinem Buch »Horticultura« bereits 1631 genaue Details über den Heckenschnitt und das Entstehen von Topiary.
Er empfiehlt Gehölzarten wie Eibe, Buchs, Liguster, Lorbeer, Rosmarin, Flieder, Blasenstrauch, Weißdorn, Stachel- und Johannisbeere, Wacholder, Berberitze, Rosen und Obstbäume und erläutert die Technik, wie sich an der Oberfläche der Hecken Tiergestalten und sonstige Formen realisieren lassen: »Wenn dann die Heckenfläche oben mit der Schere glattgeschnitten wird, lassen sie in gleichmäßigen Abständen je sechs oder sieben Ligusterzweige oder Reiser stehen, von denen sie die Scheren fernhalten. An diese heften sie etwa den Zacken eines Sterns (...) oder den Kelch einer Lilie an und umwickeln und umflechten die fest zusammenhängende Form ringsum mit den erwähnten Ligusterreisern. So lassen sie sie wachsen, und jeden neu hervorkommenden Trieb winden sie seitlich in die Figur hinein, bis endlich die ganze Figur mit Liguster umwickelt und umgeben ist. Zum Schluß nehmen sie die Schere und beschneiden die kleinen hervorstehenden Ligusterteile entspre-

chend der Idealfigur des Modells« (Peter Lauremberg: »Horticultura«, Frankfurt 1631, übersetzt nach der Ausgabe Frankfurt 1654, S. 157, 159).
Pope zählt in seinem 1713 veröffentlichten Aufsatz »Verdant Sculpture« – Grüne Plastik – zahlreiche groteske Formen von Topiary auf: »Adam und Eva in Taxus«, »St. Georg in Buchs«, »Edward den schwarzen Prinzen in Cypresse«, eine »Königin Elisabeth in Phillyrea«, ein »Lavendelschwein mit Salbei auf seinem Bauche wachsend« und die »Arche Noah in Ilex«.
Von Amerika kennen wir geschnittene Giraffen, Dromedare, Elefanten, Delphine und Teddybären in berühmten Gärten wie Ladew Topiary Gardens, Green Animals oder Disney World, aber auch an Straßen und auf Motel-Parkplätzen. Der grüne weiche Teddybär als Kuscheltier für Kinder, grüne Schiffe bis zu den modernsten Luxuslinern oder Jagdszenen stellen Sensationen an Schneidekunst dar. Größe und Dramatik einer Giraffe im »Green Animalspark«, die bei einem Hurricane ihren Kopf verlor, faszinieren in der »Neuen Welt«. So sind der Formenvielfalt grüner Skulpturen keine Grenzen gesetzt.
Am überwältigendsten und eindrucksvollsten sind meist die Gärten mit einfachen, schlichten Schnittformen wie Kegel, Kugeln, Würfel, Pyramiden und Spiralen, die durch Größe und Strenge imponieren und weniger dem Dekor oder übertriebenem »Themenwirrwarr« verfallen sind.
Über ein in verschiedene Ebenen geschnittenes Stufenbäumchen schreibt Miles Hadfield 1971 in »Topiary and Ornamental Hedges«: »Es erinnert irgendwie an diese altertümlichen Etageren, die auf übereinandergeschichteten kostbaren Porzellantellern kunstvolle Torten, Brot und Butter trugen, und die einst unverzichtbares Zubehör der Teekränzchen waren.«

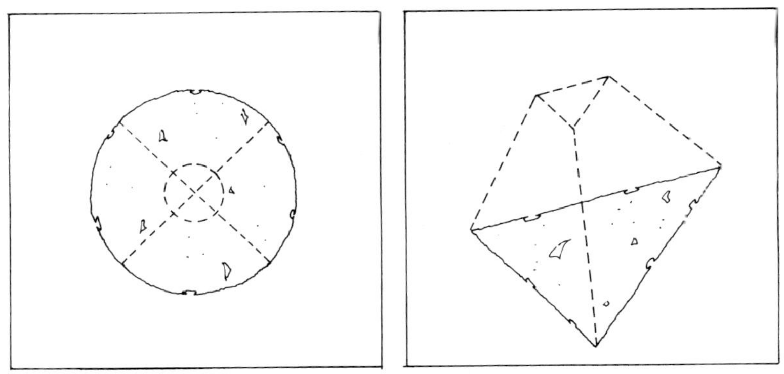

Grundformen Geschnittener Gartenkunst: Kreis – Kugel – Kegel – Kegelstumpf – Kugelkappe, Dreieck – Pyramide – Pyramidenstumpf.

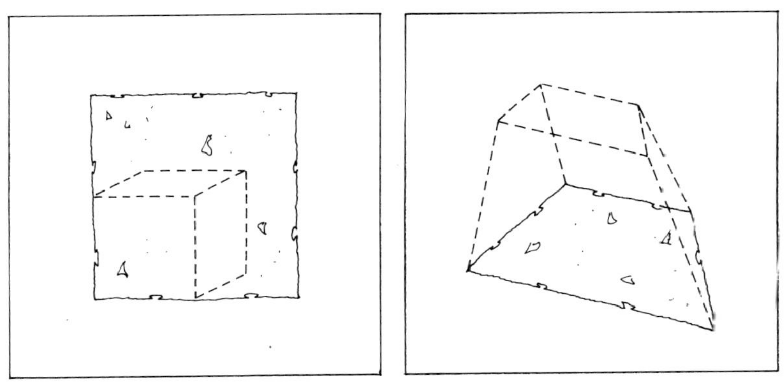

Quadrat und Würfel, Trapez und Prismatoid.

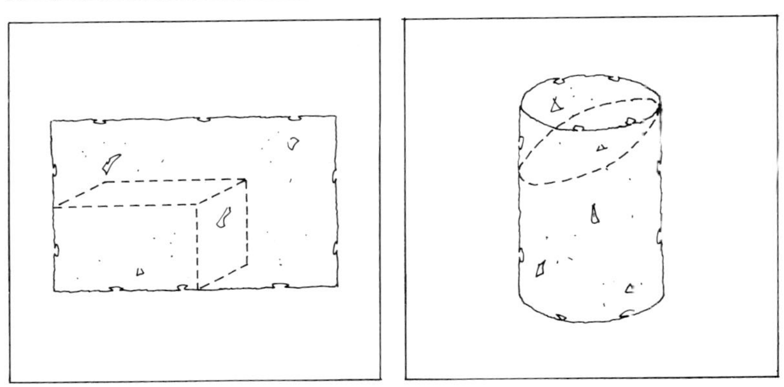

Rechteck und Prisma, Zylinder – schief geschnittener Zylinder – Hohlzylinder (Walzenzylinder).

Links:
Dicht gedrängt gesellen sich die wie weiblich und männlich wirkenden Formen zueinander – umzäunt von niedrigen Hecken.

Rechts:
Die aus Eibe geschnittenen »Zwölf Apostel« und »Vier Evangelisten« im Garten von Packwood House bei Hockley Heath, Warwickshire, stammen aus den Jahren 1650 bis 1670.

Vielfältige Topiary-Kombinationen von Kugeln, Halbkugeln, Kegeln, schirmförmigen Gebilden bis zu Kronen und Tieren.

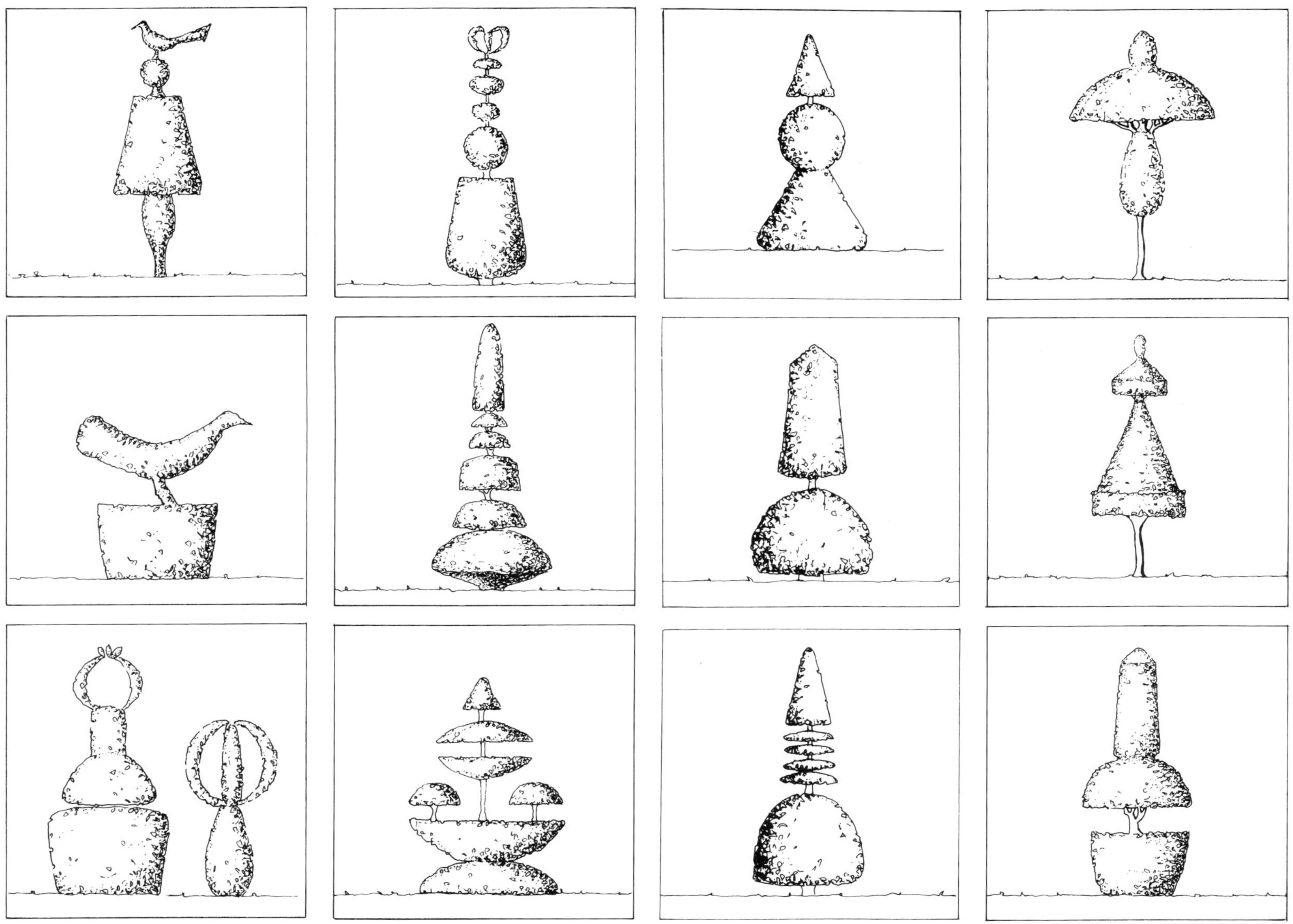

Rechts:
Wie im Theater präsentieren sich die aus Pflanzen bildhauerisch geformten Tiere. Vor dem sachlichen Bühnenbild – den klaren Heckenwänden – führt der Schöpfer der Anlage eine strenge Regie.

Unten:
Das grüne Monster vor der gewaltigen Zinnenhecke befindet sich im Garten von Levens Hall, Cumbria.

Folgende Seiten:
Im Garten von Hever Castle bei Edenbridge, Kent, sind neben einem Hecken-Labyrinth die berühmten aus Eibe geschnittenen Schachfiguren zu bewundern.

Der kurze Rasen und die perfekt getrimmte Fassadenberankung bilden ein geeignetes Umfeld für die beschnittenen Solitärs.

Das Heckenende im Garten De Wiersse in Vorden, Niederlande, ist auf originelle Weise gelöst.

»Kugelpyramide« im Garten der Marescialla Chigi in Vicobello, Italien.

Einfache Kombinationen: Zylinder und Halbkugel in unterschiedlichen Proportionen, Kastenförmig geschnittene Bäume – Linde, Platane – mit geschnittenen Hecken zur Raumwirkung,

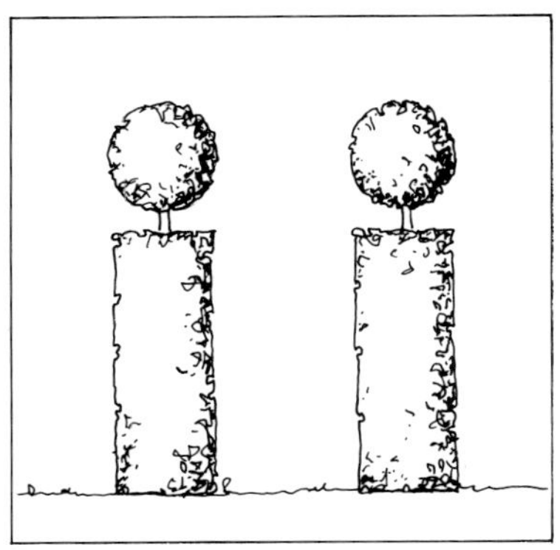

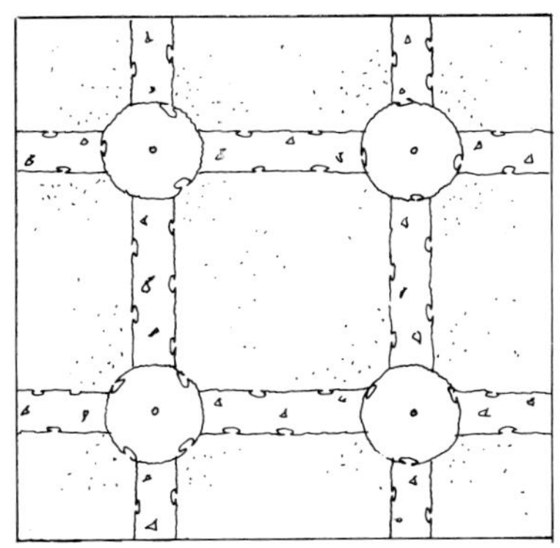

Rechteckige Säulen mit abschließender Kugel, Orthogonales Raster mit Kugeln.

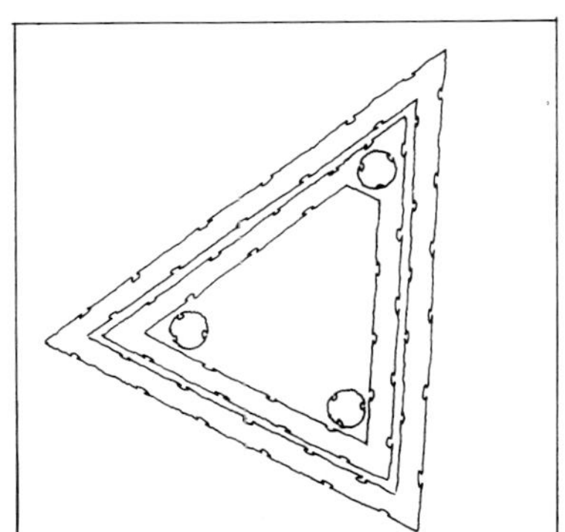

Obelisk mit Halbkugel und Rabatte, Dreieckig geschnittene Hecken mit einzelnen Kugeln.

»Macbeth«-Stimmung im Garten von Crathes-Castle bei Aberdeen, Schottland. Durch die dunkle Spalte gelangt man in unheimliche Eibentunnels.

Acht bis zehn Meter hohe Buchenhecken beeindrucken durch ihre Raum-, Kulissen- und Tiefenwirkung.

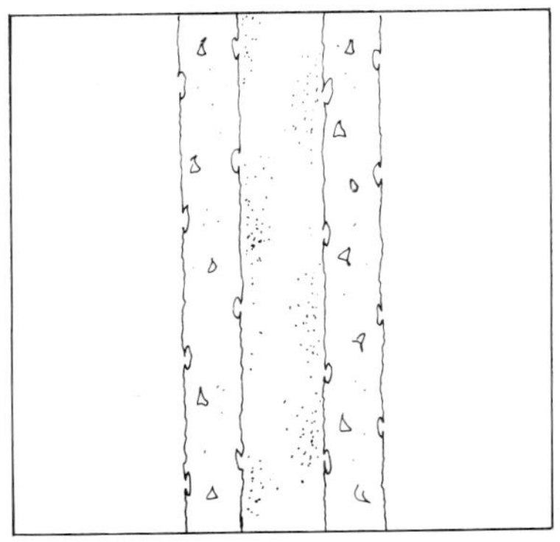
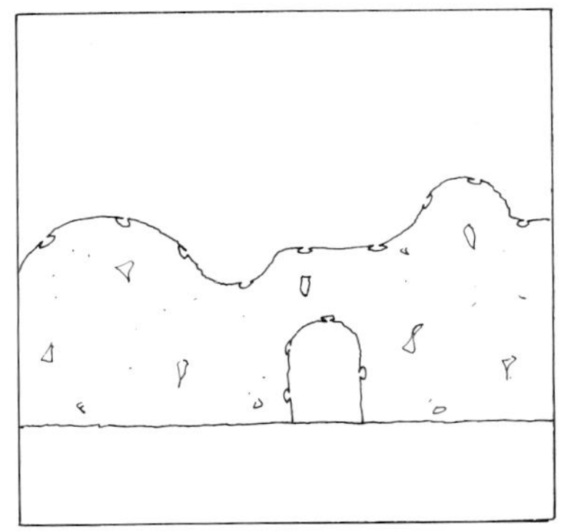

Heckenvariationen:
Gerade Hecke: Aspekte der Gestaltung sind Höhe, Breite, Farbe, Winter-, Sommergrün, groß-, kleinblättrig, Dichte, In Breite und Höhe frei geschnittene Hecke mit Bogen als Durchgang.

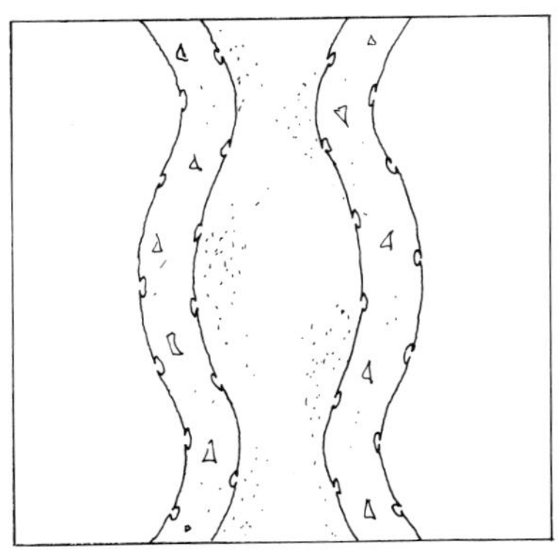
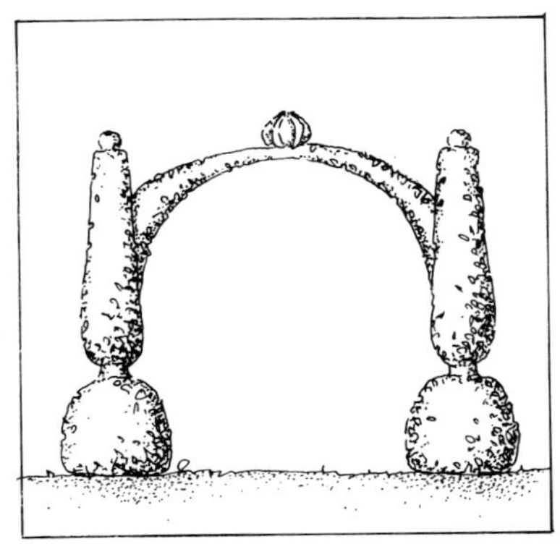

Geschwungene Hecke, Raumverengung und Raumerweiterung.

Kunstvoll topiaryartig geschnittener Heckenbogen.

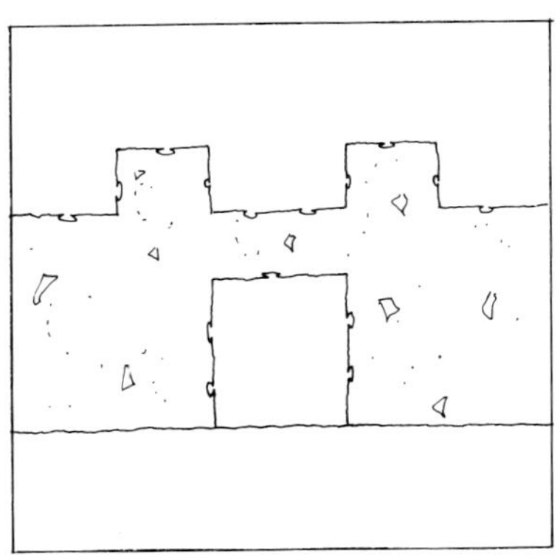
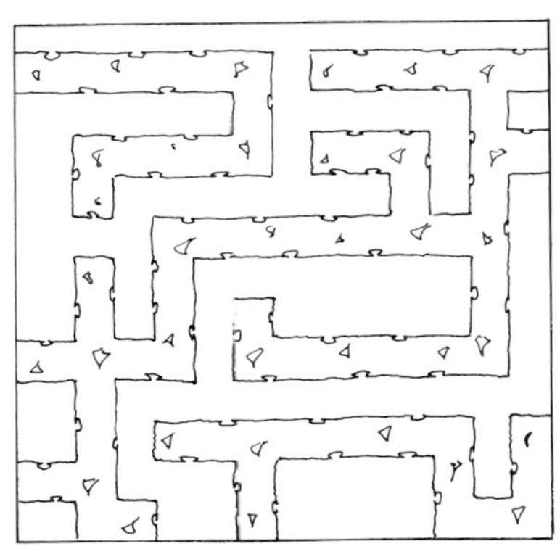

Stufenhecke – Kastenform – Zinnenschnitt, Sonderformen: Orthogonales oder in freien Formen erfundenes Labyrinth, Heckentheater, Kulissenwirkung.

Meisterhafte Geschnittene Gartenkunst im Garten von Huis Bingerden, Angerlo, Niederlande.

Geschnittene Gartenkunst im Winter

»Wann immer man von einem guten Garten spricht, besuche ich diesen im Winter, und wenn er mir dann gefällt, komme ich im Sommer nochmals zurück« (Margery Fish). Das Gerüst im Garten muß stimmen und dieses zeigt sich besonders gut im Winter, wenn Sommerblumen und sonstige Zutaten im Garten aus dem Blickfeld verschwinden.

Winterspaziergang durch den Garten von Schloß Schönbrunn in Wien

Geschnittene Formgehölze haben im Winter ihren besonderen Reiz. Verwandelt sich ein nach französischem Vorbild angelegter und Versailles nacheifernder Garten in eine tiefe Winterlandschaft, so werden die ausgedehnten Wege-, Rasen- und Beetstrukturen zu einer einheitlichen weißen, kaum Konturen abzeichnenden Fläche, auf der sich die geschnittenen Hecken, Rabatten, Kuben, Kegel oder Kugeln in faszinierender Geometrie abzeichnen.
Ob laubabwerfend oder immergrün, der Schnee setzt den unterschiedlich geformten Gehölzen weiße Kappen auf und belebt den im Sommer einfarbigen und streng geschnittenen Körper durch ein weiß schimmerndes Pflanzenkleid.
Die großen Hecken in Schönbrunn sind bis 12 m hoch, insgesamt sind es ca. 30 km, die ungefähr 250 Jahre alt sind. Sie werden einmal im Jahr von fünfstöckigen, bereiften Gerüsten aus geschnitten, die früher von

zwei Pferden, heute von Elektrokarren gezogen werden. Das historisch wie auch heute aus Holz gebaute Gerüst entspricht – zwischenzeitlich abgebrannt, ursprünglich auf Holzwalzen, dann auf Panzerrädern fahrend – heute sämtlichen geforderten Sicherheitsansprüchen.
Mit Hilfe von eingeschlagenen Pflöcken und verspannten Seilen wird nach dem Lot geschnitten: Heute freilich mit der elektrischen Heckenschere. Im Juni beginnen die Gärtner mit den Schneidearbeiten an den vorwiegend Linden- und Hainbuchenhecken. Während die 12 m hohen Wände jährlich nur an den Vorderseiten und alle zwei bis drei Jahre im Inneren schräg nach unten (zur Förderung des Saftstromes aus der Wurzel bis in die hoch gelegenen Blätter) geschnitten werden, wird der Arbeitsgang bei den Tunnelalleen nur jedes zweite Jahr durchgeführt. Ein starker Kronenrückschnitt soll hier das Licht bis in die untere Ebene der Hecke durchdringen lassen. 49 Gärtner pflegen den Schönbrunner Garten.
Zahlreiche Erfahrungen des professionellen Heckenschnittes werden traditionsgemäß über viele Generationen weitergegeben. Werden die aufwendigen Pflegearbeiten nicht jede Vegetationsperiode sorgfältig durchgeführt, verliert der Garten nicht nur schnell an Perfektion und Ästhetik, sondern es besteht auch die Gefahr, daß das empfindliche Heckenwerk nicht mehr optimal mit Licht und Wasser versorgt wird und abstirbt. Kleinere Heckenteile in lange an den jeweiligen Standort gewohnte alte Hecken als Ersatz für abgestorbene Pflanzen einzufügen, ist oft gar nicht leicht.
Die Problematik in Schönbrunn besteht darin, daß die Pflege im Park über einige Jahre vernachlässigt wurde; Teile der Bepflanzung sind in schlechtem Zustand, Gartenräume verändert, Sichtachsen gestört, Hecken zu hoch gewachsen, Boskettfüllungen nicht ursprünglich und es gibt ungünstige Alterszusammensetzungen von Bäumen innerhalb von Alleen und Alleeabschnitten. Im Rahmen eines umfangreichen Parkpflegewerks werden heute Überlegungen zur Erhaltung und Sanierung der Parkanlage angestellt. Zahlreiche Pflanzungen müssen erneuert werden; die Buchs- und Eibenkugeln vor der Gloriette sind historisch nicht haltbar und zu entfernen; die in die Hecken eingewachsenen Statuen sind wieder sichtbar zu machen; Parterrehecken müssen innerhalb der nächsten 12–13 Jahre komplett ersetzt werden, nachdem sie oben dicht und unten kahl geworden sind; die Buchskugeln und -kegel am Palmenhaus sind in der Proportion gesehen zu groß geworden sowie ausgewachsen, so daß sie durch Neupflanzung verjüngt werden müssen.
Durch den verschneiten Garten von Schloß Schönbrunn schlendernd, fällt dem Laien nicht auf, daß ca. 185 Millionen Schillinge in Sanierungsmaßnahmen aufgrund versäumter Pflege gesteckt werden müssen; den Besucher überwältigen die imposanten Heckenwände, die im Winter den Blick ins Innere wie durch die Hecke etwas transparenter freigeben als im Sommer.
Die Geometrie der Geschnittenen Gartenkunst und ihre phantasievollen Formen steigern sich im Winter zu einem ästhetischen Bild von Ruhe und Bewegung. Und die Spannung wächst, den Garten im Sommer wiederzusehen.

Links:
Immergrüne Buchskugeln in einem Hamburger Garten.

Unten:
Imposante Erscheinung beim Blick nach oben: »Vogel als Prophet«.

Links:
Transparenz und graphische Wirkung bei einer geschnittenen Baumhecke im Winter.

Rechts:
Architektur und geschnittene Gartenformen – Schloß Schönbrunn, Wien.

Hecken und Heckenräume

Hecken dienen primär der Abgrenzung und dem Schutz gegen Wind, Sonne, Eingesehen-Werden und Eindringen unerwünschter Menschen und Tiere. Feldhecken oder Wildhecken, die ursprünglich durch Viehverbiß zu regelmäßigen Heckenstrukturen wurden, machte sich der Mensch zu eigen und formte auf künstlichem Wege mit der Heckenschere geometrische Formen und Wände, die zur Strukturbildung, Raumerweiterung und -verengung sowie Kulissenwirkung eingesetzt werden.

Auf kleinen Grundstücken sind geschnittene Hecken ideale, platzsparende, lebende Mauern. Sie bilden in gerader oder geschwungener Form, in unterschiedlichen Wuchshöhen und sommer- oder wintergrünen Arten individuelle Gartenräume. Heckenräume besonderer Ästhetik und Raumqualität stellen Heckentheater oder grüne Labyrinthe dar, die in unzähligen Formen Geschichte machten. Neben Fenster- und Türöffnungen in Hecken sind diese mit Flachreliefs, Zinnen oder sonstigen Dekorationen versehen.

Die Vielfalt ist auch in diesem Bereich der Geschnittenen Gartenkunst groß: »Le Corbusier und Pierre Jeanneret ersannen in ihrem Entwurf eines Dachgartens für das De-Beistegui-Penthouse die wohl phantasievollste und neuartigste Verwendung von beweglichen Sichtschutzwänden aus Pflanzen. Formhecken wurden in elektrisch betriebene, fahrbare Pflanzgefäße gesetzt. Man mußte nur auf einen Knopf drücken, um ungestört zu sein oder den zauberhaften Blick auf Paris genießen zu können« (Susan Chamberlin: »Hedges, Screens and Espaliers«, 1983).

Einige Beispiele sollen Ausdruckskraft und Ausstrahlung solcher geschnittener Heckenkunst veranschaulichen.

Links:
Das grüne Theater im toskanischen Stil mit Heckenkulissen, Rasenbühne, pflanzlichem Soufflierkasten und den Terrakottafiguren Columbine, Harlekin und Pulcinella befindet sich im Garten der Villa Reale in Marlia bei Lucca, Italien.

Unten:
Die Heckenachse aus Rotbuche in Chatsworth, Edensor bei Bakewell, Derbyshire, ist serpentinenförmig gepflanzt. Der Heckenraum erweitert und verengt sich in konvexen und konkaven Formen; zugleich ist die Hecke dem leicht abfallenden und ansteigenden Gelände angepaßt.

Die hangseits gestaffelte Anordnung von Natursteinmauer und geschnittenen Hecken lockert die Gesamthöhe der Abgrenzung in angenehmer Weise auf.

Der klar geführte und von niedrigen, scharfkantig geschnittenen Buchshecken begleitete Seitenweg in der Villa Lante in Bagnaia bei Viterbo, Italien, dient der guten Orientierung innerhalb des vielfältigen Gartenprogrammes.

Rechts:
Vor der schwungvoll geschnittenen, dunkelgrünen Hecke kommt die farbenprächtige Staudenpflanzung gut zur Wirkung.

Universität Odense, Dänemark

1963 entstanden die Außenanlagen zur Universität Odense, entworfen von Jørgen Vesterholt, Kopenhagen.
31 Höfe unterliegen einem strengen Gartenkonzept, das meist auf geschnittenen Gartenelementen beruht. Entweder beleben den Innenhof blockartig in verschiedenen Höhen geschnittene Gehölze, die von oben gesehen einem kubistischen Bild gleichen, oder es gliedern unterschiedlich geformte Heckenteile den Hof zu einem vielfältig nutzbaren Aufenthaltsraum. Es überzeugt die mit wenigen geschnittenen Pflanzenformen erzielte Raumwirkung.

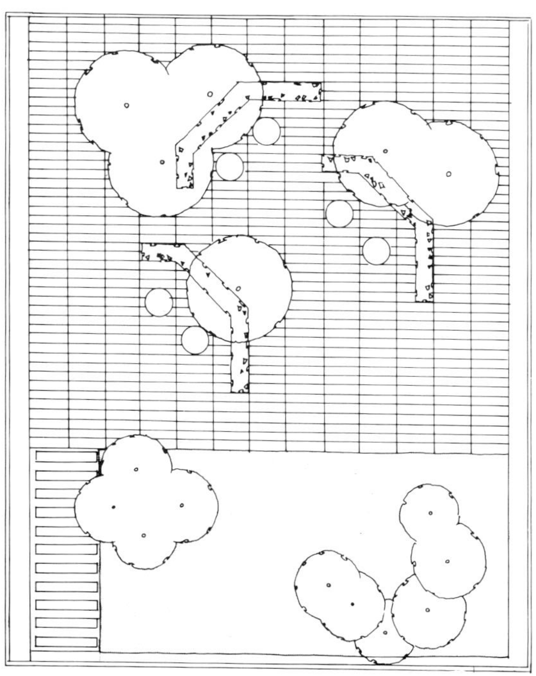

Heckenspiel von dem dänischen Landschaftsarchitekten Jørgen Vesterholt, 1963.

Links:
Die 31 Innenhöfe der Odense Universität sind von Jørgen Vesterholt, Kopenhagen, entworfen. Sie variieren in der Gestaltung von versetzt angeordneten Hecken bis zu blockartig geschnittenen Grün-Inseln.

Rechts:
Die schmalen, leicht abgewinkelten geschnittenen Hecken benötigen wenig Platz in dem kleinen Innenhof und schaffen Aufenthaltsräume für Muße und Entspannung.

Geschnittene Theatralik im Garten der Villa Gamberaia

Der typisch toskanische Villengarten beschränkt sich auf wenige Gestaltungsmittel. Die vorwiegend geschnittenen und überaus gepflegten Gartenstrukturen überwältigen den Besucher beim Betreten der Anlage hinsichtlich Klarheit und Einfachheit.
Während die Villa von 1610 stammt, ist der Garten wesentlich jünger. Seit Anfang des 20. Jahrhunderts wuchs das Gartenparterre zur heutigen Schönheit und imposanten Wirkung heran. Vom Haupteingang aus führt der Weg, von hohen Zypressen begleitet, zur Villa. Von einer der Villa vorgelagerten Rasenterrasse aus bietet sich ein großartiger Blick über Florenz. Auf der Hauptgartenseite erstreckt sich das faszinierende Parterre mit beschnittenen Buchsbaumhecken, Buchshalbkugeln, einer immensen Solitärkugel und einzelnen, Akzente setzenden Säulenbäumen aus Eibe. Den Abschluß des Parterres bildet eine hohe, halbrund angelegte Zypressenhecke mit vorgelagerten, niedrigen Buchsstufen, die durch mächtige, aus der grünen Wand geschnittene Portale den Blick in die umgebende Landschaft freigibt und andererseits, wie im Theater, Kulissenwirkung und Perspektive hervorruft. Zu den verschiedenen Grüntönen der raumbildenden Hecken und Gehölze gesellen sich Terrakotten, die mit Rosen und Sommerblumen bepflanzt sind. Alles spiegelt sich in den vier großen, rechteckigen Wasserbecken, dem Brunnen in der Mitte und dem halbrunden Seerosenteich am Ende des Parterres. Nicht nur von der Villa und ihrem Balkon aus, sondern auch von dem höher gelegenen »bosco«, einem im Sommer Schatten spendenden Steineichenwäldchen aus, zeigt sich die Geschnittene Gartenkunst in voller Pracht.

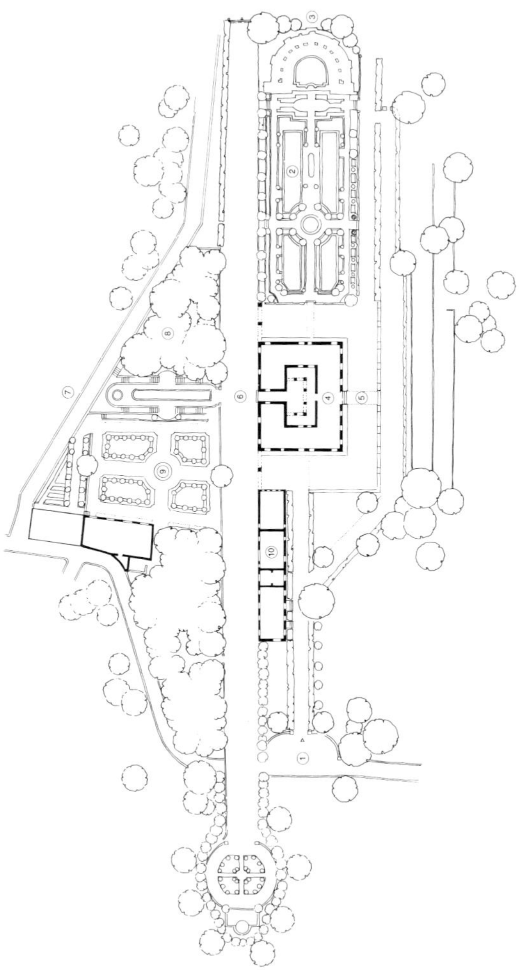

Grundriß des Gartens zur Villa Gamberaia in Settignano, Italien:
1 Haupteingang mit Zypressenhecke
2 Parterre mit Wasserbecken
3 Zypressen – Exedra
4 Villa
5 Terrazza
6 Rasenbahn
7 Grotte
8 Bosco
9 Topfgarten
10 Nebengebäude

Blick von der Villa in den Garten: Faszination in der Perspektive.

Buchs in verschiedenen Formen vor der den Garten begrenzenden Exedra.

Seltenes Exemplar eines Buchskugel-Solitärs vor der Villa.

Sven-Ingvar Andersson und seine grünen Skulpturen

Professor Sven-Ingvar Andersson bei der Arbeit in seinem Garten in Lund, Schweden.

»Landschaftsarchitekten haben oft das gleiche Problem wie Schauspieler: Hat einmal jemand Hamlet gespielt, bleibt er immer Hamlet. Ich habe für mich selbst, sozusagen als persönliche Spielerei, einen Heckengarten mit geschnittenen Formen angelegt. Deswegen glaubt man, ich sei identisch mit geschnittenen Formen; das stimmt aber nicht!« (S.-I. Andersson, Interview »Garten und Park – eine lebendige Plastik« in Garten und Landschaft 9/88, S. 5).
Neben vielen phantasievollen und stets innovativen Gestaltungsansätzen in seinem bisherigen Œuvre experimentiert Sven-Ingvar Andersson in seinem eigenen Garten bei Lund, Schweden, auf besonders originelle Weise mit der Heckenschere. Der Professor für Gartenarchitektur an der Kunstakademie Kopenhagen bepflanzte zunächst einen ca. 1000 m^2 großen Acker mit 600 Weißdornpflanzen. Diese entwickelten sich in drei Jahren zu einem Netz von insgesamt ca. 300 m laufenden Hecken mit dazwischenliegenden Rasenwegen. Die Hecken wurden auf eine einheitliche Höhe geschnitten und variieren von 1–4 m über Oberkante Gelände. So ergaben sich Gartenteile mit Ausblick in die Landschaft sowie gegen Eingesehen-Werden geschützte Heckenräume.
»Ich dachte zwar ursprünglich an keine besondere Zweckbestimmung, bald aber machten sich die verschiedenen Bedürfnisse und Wünsche der Familienmitglieder im Garten geltend« (S.-I. Andersson: »Garten von Sven-Ingvar Andersson bei Lund, Schweden« in Anthos, Heft 1/88).
So entstanden eine Terrasse mit Abendsonne, ein Freiluftgrill, Gemüsegarten, Kompost zwischen kreisförmig geschnittenen Zierhecken, Sonnen- und Blumengarten, Hühnerhof und vieles mehr. »Ich hatte mehr als 1000 m^2, mit denen ich an Hecken herumexperimentieren konnte, und ich habe bewußt den Kontrast zwischen gestutzten und ungestutzten Ästen ausgenützt. Die Äste derjenigen Hecken, die der Straße am nächsten sind, ließ ich ineinander wachsen, so daß sie

einen belaubten Tunnel bildeten, in dessen ›Dach‹ runde oder ovale Öffnungen geschnitten wurden. Unregelmäßigkeiten des Wachsens, wie sie die Stürme verursachten, wurden noch akzentuiert, was wellenförmige Gestalten bildete. An anderen Stellen habe ich Öffnungen herausgeschnitten und Bögen geformt durch das Entfernen von Heckenpflanzen. Anstatt diese wegzuwerfen, verstreute ich sie über die breite offene Fläche. Dort nahmen sie mit der Zeit die Gestalt von Hühnern an und verwandelten den Ort in einen Hühnerstall« (S.-I. Andersson, Anthos, siehe oben).
Zweimal jährlich, im Juni und August, werden die ca. 1200 Quadratmeter Heckenflächen in jeweils drei Tagen geschnitten. Die einen Strukturen haben sich über Jahre herausgebildet und werden im Rahmen von Pflegegängen nachgeschnitten, andere Strukturen entstehen neu, die Lust an der grünen Bildhauerei kennt keine Grenzen. Geschnittene Formen in Kombination mit freiwachsenden Pflanzen oder Spontanvegetation sind für Professor Andersson spannende Aufgaben der Landschaftsarchitektur.
»Ob ich diesen mit Weißdorn bepflanzten Garten in meinem hohen Alter noch werde genießen können, weiß ich allerdings nicht« (S.-I. Andersson, Anthos, siehe oben). Der Garten ist 1965 angelegt und konnte sich inzwischen 30 Jahre lang entwickeln: Das Ergebnis ist für jeden, der das geschnittene Meisterwerk besucht, überwältigend. Und: »Wenn mir das Heckenschneiden zu viel wird, lasse ich den Garten zu einem Weißdornhain verwildern« (S.-I. Andersson in Karl-Dietrich Bühler »Sven-Ingvar Anderssons grünes Reich« in Anthos 1/77, S. 24).

Grundriß des Gartens
1 Freiluftgrill
2 Gemüsegarten
3 Kompost
4 Beates Garten
5 Sonnengarten
6 Blumengarten
7 Hühnerhof
8 Niedriger Laubengang
9 Hauptstraße
10 Parkplatz
11 Feld
12 Nebengebäude, Gästehaus
13 Obstgarten mit Ligusterhecke
14 Sitzplätze / Alter Stall
15 Wohnhaus
16 Wiese

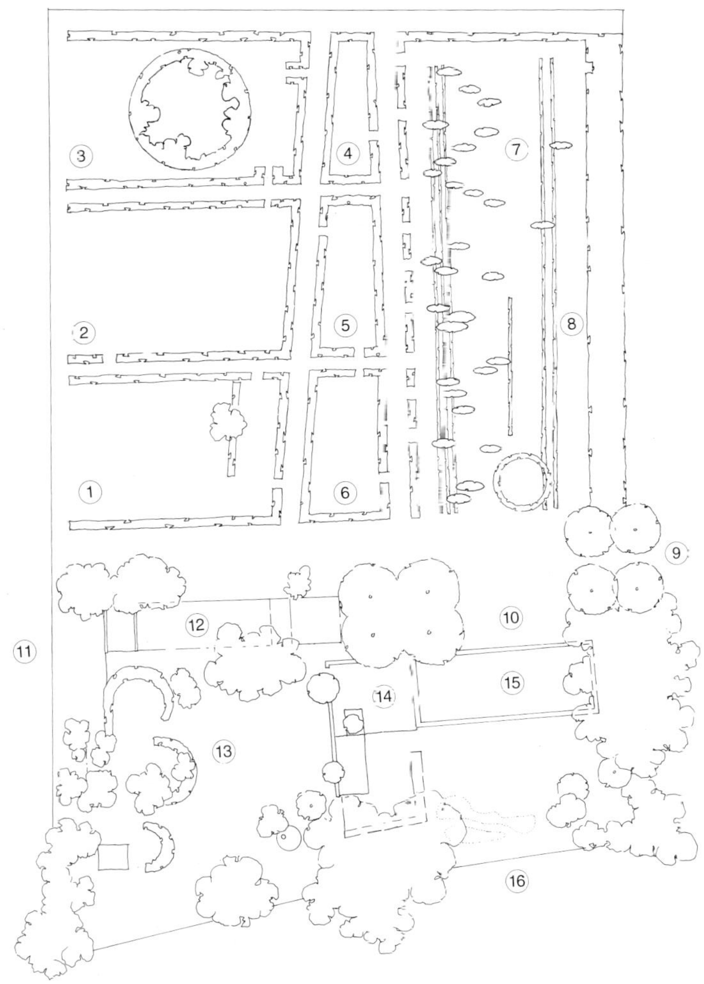

Vor der hohen Weißdorn-Hecke schmückt Zierlauch (Allium albopilosum) **in kreisförmigen, von Buchs eingefaßten Beeten einen der vielfältigen Gartenräume.**

Der Hecken- und Skulpturengarten verändert sich ständig im kreativen Spiel mit der Heckenschere.

Rechts:
Welch idyllischer Platz in der extravagant geschnittenen Heckennische!

Links:
Haus und Hecke gleichen einem abstrakten Bild.

Unten:
Mit Ausnahme der Fensteröffnung sind Haus und Hof von einem schützenden grünen Pelz umgeben.

Gartenkunst und Windschutz – die Rotbuchenhecken der Eifelbauern

Kunstwerken gleichen die über Jahrhunderte in der Eifel entstandenen, bis zu acht Meter hohen Rotbuchenhecken, die Haus und Hof der Bauern das ganze Jahr hindurch vor Wind und im Winter vor Schnee schützen. Im Gebiet des Hohen Venn und des 695 Meter hohen Pannensterzes zwischen Eupen, Monschau und Malmedy prägen die geschnittenen Meisterstücke den westwind- und regengeplagten Landstrich.

Die Entfernung der Hecken vom Haus ist doppelt so groß wie deren Höhe. Die Windgeschwindigkeit auf dem freien Feld wird somit zwischen Hecke und Haus um die Hälfte reduziert. Auch der Schlagregen gelangt aufgrund des Heckenfilters kaum an die Hauswand.

Neben den positiven klimatischen Wirkungen dieser Hecken und den damit verbundenen Heizkosteneinsparungen – früher Holz, heute Gas und Öl – schaffen die Biotekturen auch ideale Lebensbedingungen für die Vogel- und Insektenwelt.

Rechts:
Der Hausgiebel spitzt hinter den streng geschnittenen Heckenwänden gerade noch hervor.

Unten:
Morbides »Heckenungetüm«: Windschutz, Schönheitsidol oder Landart?

Ohne Pflege funktionieren die »lebenden Mauern« nicht: Ein jährlicher Schnitt ist erforderlich. Die Hecken wurden früher nur an der hofzugewandten Seite geschnitten; zum Feld hin ließ man die Triebe sprießen und verwendete das gelegentlich entfernte Holz zur Ofenfeuerung. Um Licht ins Haus zu bekommen und den Kontakt zur Außenwelt nicht zu verlieren, werden zwischendurch neu- und nachzuschneidende Fenster- und Toröffnungen erforderlich. Auch müssen aus Altersgründen gefährdete Heckenteile zur Erhaltung der teils denkmalgeschützten Objekte mit Latten gestützt werden.
Die Geschichte der Hecken geht auf Kurfürst Karl Theodor zurück, der 1771 den Bauern verbot, Zäune oder Mauern zu bauen. Die Hecken verbreiteten sich und wurden über Jahrhunderte aus zunächst rein funktionellen Gründen gepflegt. Heute werden sie neben der immer noch windschützenden Funktion als architektonische, gartenarchitektonische oder biotektonische Kunstwerke in der Eifel-Landschaft bewundert.

Unten:
Die Eingangstüre ist die Visitenkarte des Hauses – wer freut sich nicht täglich, das dekorative Heckentor zu durchschreiten?

Rechts:
Im Garten von Lytes Cary, Ilchester, Somerset, führt der Weg durch ein architektonisch beschnittenes Tor aus Eibe und Hainbuche.

Tore und Fenster

Entscheidend für ein Gartenerlebnis sind auch der Eingang in den Garten und Ausblicke aus dem Garten. Wer wünscht sich nicht, durch einen freiwachsenden oder in eine Hecke integrierten Torbogen, durch Kastentor, Bogengalerie oder Laubengang den Garten zu betreten und aus der Enge oder Dunkelheit des Einganges in die Weite oder Helle des Grundstückes zu gelangen. Je signifikanter ein Garteneingang gestaltet ist, desto leichter findet man ihn wieder, und um so mehr Spaß bereitet es, den Garten immer wieder aufzusuchen.
Ähnlich den Toren geben rund oder rechteckig aus Heckenwänden geschnittene Fenster gezielt Blicke in die umgebende Landschaft oder in den benachbarten Garten frei. Der Gartenraum erhält somit ähnlich einem Zimmer architektonische Qualitäten.
Um ein einfaches Bogenportal zu realisieren, verwendet man am besten gleich zu Beginn größere Solitäre. Bei der Pflanzung sieht man einen ca. 1,20 m breiten Durchgang vor. Im einfachsten bindet man die obersten Triebe mit Drähten zusammen, so daß sich die Pflanzen an den Bogenwuchs gewöhnen. Man kann dies auch mit einem ca. 1,80 m langen Stab unterstützen, der in ca. 2,20 m Höhe horizontal zwischen die Heckenstämme eingespannt wird. Die Spitzen der Gehölze wachsen immer mehr ineinander. Die Bogenform gilt es mit der Heckenschere beständig herauszuarbeiten.
Fensteröffnungen werden mit Hilfe einer Schablone aus Latten oder Karton stets in der Mitte zwischen zwei Bäumen oder Sträuchern einer Hecke herausgeschnitten. Durch den Lichteinfall auf die im Inneren der Hecke abgestorbenen Äste entwickeln sich bald wieder grüne Triebe.

Links:
Ein schmaler Weg führt V-förmig auf einen Rundbogen zu – die Spannung steigt, was sich dahinter verbergen mag?

Unten:
Aus der Hecke an der Grundstücksgrenze wächst ein Torbogen, der in den Garten des Anwesens einlädt.

Sequenz von geschnittenen Heckenbögen und begrenzenden grünen Wänden in einem Weingut in Portugal.

Rosenlaube in einem Hotelgarten in Südfrankreich.

Labyrinthe

Grüne Labyrinthe aus Rasen oder Hecken stellen Gartenkunstwerke besonderer Art dar. Sie sind in ihrer geschnittenen Formgebung von hoher Ästhetik und dienen zusätzlich dem Spiel und Vergnügen. Gartenlabyrinthe und Irrgärten gibt es auf der ganzen Welt. Ihr Ursprung geht auf labyrinthförmige Bodenbeläge in Kirchen aus dem 12. Jahrhundert und auf Darstellungen auf griechischen Münzen oder römischen Mosaiken bis 100 – 80 vor Christus zurück. Die Blütezeit des Heckenlabyrinthes waren Renaissance und Barock. Es entstanden unzählige Irrgärten in Kreis-, Quadrat-, Rechteck- und freien Formen.
Mit dem Ausklang des formalen Gartenstils und der Entwicklung zum Englischen Landschaftsgarten war das Labyrinth in seiner teils manieristischen Art außer Mode gekommen. Dennoch gibt es zahlreiche interessante Labyrinthgestaltungen im 19. und 20. Jahrhundert. Heute ist oft der Pflegeaspekt ausschlaggebend, um auf die Ausführung eines Irrgartenentwurfes aus Hecken zu verzichten. Labyrinthkonzepte mit übermannshohen Hecken, die erst richtig zum Verstecken und Verirren locken, sind aus Sicherheitsdenken und Ordnungsprinzipien zumindest im öffentlichen Raum zum Scheitern verurteilt. Ein Labyrinth im Park von Schloß Schönbrunn in Wien wurde bereits Ende des 19. Jahrhunderts gerodet, weil es wegen seiner Dichtigkeit Zwecken diente, welche in öffentlichen Anlagen verboten sind!
Labyrinthe werden entweder als Hecken mit dazwischenliegenden Wegen angelegt oder aus einem vorhandenen dichten Gehölzbestand herausgeschnitten. Buchs, Eibe, Hainbuche und Liguster sind die beliebtesten Gehölzarten hierfür.
Oft befindet sich inmitten des Irrgartens ein Hügel mit Pavillon oder Brücken, von denen man – nachdem das Ziel erreicht ist – das Wegesystem überschauen und nachvollziehen kann.
Was Heckenlabyrinthe entsprechender Höhe an Geheimnissen und Überraschungen in sich bergen, können Rasenlabyrinthe nicht bieten. Moderne Labyrinthe weisen aber oft weitere Qualitäten auf in Verbindung mit Puzzles, Symbolspielen, mathematischen Strukturen und Denkaufgaben für den Betrachter und den im Heckenwirrwarr Umherirrenden.
Um einen Eindruck über die Vielfalt und Schönheit der Labyrinthkunst zu gewinnen, sind in der folgenden Zusammenstellung, die keinen Anspruch auf Vollständigkeit erhebt, einige berühmte Labyrinthe mit ihren Besonderheiten aufgeführt.

Unten:
In streng geometrischen Formen gepflanztes Heckenlabyrinth.

Rechts:
Im Gegensatz dazu in freien Formen geschnittenes Heckenlabyrinth in Longleat House, Wiltshire, England.

Hampton Court

Ort: Hampton Court Palace, East Molesey, England
Entstehung: um 1690
Planer: Henry Wise, George London
Form: Trapez
Gehölzart: Eibe
Erbaut für Wilhelm von Oranien, wurde auf Initiative des Königs hin vor der Zerstörung durch den allzu eifrigen königlichen Gärtner Capability Brown bewahrt. Wohl das berühmteste Labyrinth der Welt, oft kopiert und nachgebaut.

Longleat

Ort: Longleat House, Wiltshire, England
Entstehung: 1978
Planer: Greg Bright
Besitzer: Lord Weymouth
Die spiralförmigen Muster wurden bewußt so angeordnet, daß der Besucher in die Irre »geleitet« wird. Auf Orientierungspunkte wurde verzichtet, lediglich sechs Holzbrücken bieten einen gewissen Überblick auf das größte, aus Eiben geschnittene Heckenlabyrinth der Welt.

Jubilee-Irrgarten

Ort: Symond's Yat, Hertfordshire, England
Entstehung: 1981
Planer: Gebrüder Lindsay, Edward Heyes
Gehölzart: Scheinzypresse, *Chamaecyparis lawsoniana*
Einer der wenigen, noch erhaltenen »Irrgärten der Liebe«, diese Form war zwischen

1560 und 1650 populär. Im Zentrum befindet sich ein weißer Pavillon, den man nach »unterhaltsamen Irrwegen« erreicht.

Alice-im-Wunderland-Irrgarten
Ort: Merritown House, Dorset, England
Entstehung: 1992
Planer: Randoll Coate, Adrian Fisher
Hier werden Gestalten aus den Abenteuern von Alice im Wunderland dargestellt. So befindet sich im Zentrum die Taschenuhr des »Weißen Kaninchens«, beim Verlassen des Labyrinths schreitet man über »zusammengestürzte Spielkarten«.

Die Geheimnisse des Evangeliums »The mysteries of the gospels«
(basierend auf den ursprünglich vorhandenen Heckenstrukturen im Kirchgarten, aber eigentlich ein Mosaiklabyrinth mit geschnittenen Hecken)
Ort: Wyck-Rissington Church, Gloucestershire, England
Entstehung: 1950, erweitert 1988
Planer: Canon Harry Cheales
Es symbolisiert die 15 biblischen Wunder: Auferstehung (tunnel of death), Paradiesgarten, Sequoia als »Baum des Lebens« usw.

Pyramiden-Labyrinth
Ort: Château de Beloil, Belgien
Entstehung: Frühes 19. Jahrhundert
Buchenhecken zeichnen die Flucht der Nymphe Jo vor den Nachstellungen Zeus' nach. Zusätzlich sind die Heckenwände derart in ihrer Höhe gestaffelt, daß sich die Form einer Pyramide ergibt.

Das »Rad«
Ort: Wald von Eilenreide, bei Hannover
Entstehung: 1642 bereits erwähnt
Eines der interessantesten »Gras-Labyrinthe« Europas. Ursprünglich wurde diese Labyrinthform für heidnische Prozessionen errichtet und später in christliche Gebräuche integriert.

»Miz-Maze«
Ort: Breamor Down, Hampshire, England
Entstehung: Mittelalter
Hier handelt es sich um ein Gras-Labyrinth, mitten im Wald, das vermutlich als »place of penance« genutzt wurde und von Mönchen angelegt worden ist.

Das Labyrinth des Erzbischofs »Archbishop's maze«
Ort: Greys Court, Henley-on-Thames, Oxfordshire, England
Planer: Randoll Coate, Adrian Fisher
Die Entstehung dieses Labyrinthes geht zurück auf die Antrittsrede des Bischofs von Canterbury, in der er den christlichen Glauben mit einem Labyrinth verglich. So bezieht sich auch die Anlage in vielerlei Hinsicht auf die christliche Symbolik, die Kreuzform; die Heckenanordnung entspricht der Dornenkrone und der innere Pfad stellt den »Lebensweg« dar. Als besonderer Mittelpunkt wurde eine Sonnenuhr gewählt, die den Besucher in Verbindung mit Raum und Zeit setzen soll.

Marlborough-Labyrinth
Ort: Blenheim Palace, Woodstock, Oxfordshire, England
Entstehung: 1991
Planer: Randoll Coate, Adrian Fisher
Das Labyrinth im Park von Blenheim ist das größte »Symbol-Labyrinth« der Welt. Es wurde zu Ehren des Herzogs von Marlborough errichtet und symbolisiert durch seine geschnittenen Taxushecken die Attribute des militärischen Sieges: Kanonenkugeln, Flaggen usw.

Drachen-Labyrinth
Ort: Newquay Zoo, Cornwall, England
Entstehung: 1984
Planer: Randoll Coate, Adrian Fisher
Als besondere Besucherattraktion wurde ein Labyrinth in Form eines Drachens errichtet. Ölweiden bilden hier das geschnittene Gerüst.

Der Schöpfungs-Irrgarten
Ort: Varmlands Saby, Schweden
Entstehung: 1979
Planer: Randoll Coate
Gehölzart: Felsenbirne
Diese Labyrinth-Anlage nimmt zum einen Bezug auf den Familiennamen der Auftraggeber: Falkenberg, zum anderen auf die biblische Schöpfungsgeschichte. Aus diesem Grund stellt die äußere Form des Heckengartens ein Ei dar, in welches weitere, symbolträchtige Grundrisse eingearbeitet wurden: Adam und Eva, die Rippe, der Paradiesgarten mit seinen Kreaturen u. a. Auch die griechische Mythologie liefert Vorlagen: Darstellung der Sage von Theseus, Minotaurus und Ariadne. Der Eidotter in der Mitte soll sowohl das »final paradise« als auch die Sonne als Zentrum des Universums darstellen.

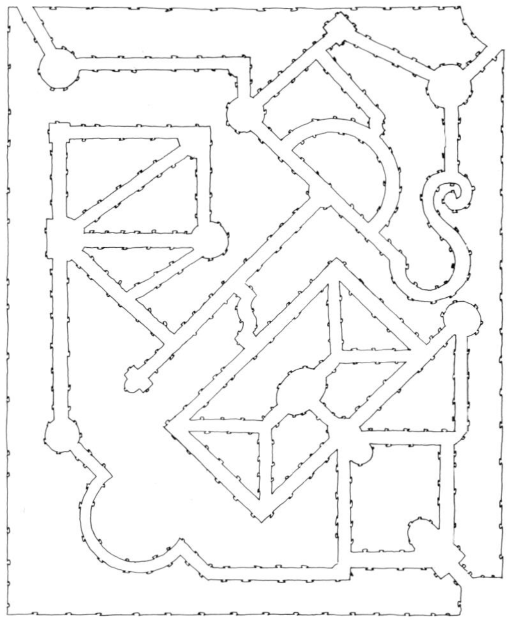

Irrgarten zu Versailles – Nachzeichnung eines Kupferstiches von Sébastian Le Clerc, Paris 1679.

Heckengarten von 1721 mit Turm im Zentrum und Wendeltreppe zur Villa Pisani in Stra bei Padua, Italien. Die Anlage besteht heute noch und ist öffentlich zugänglich.

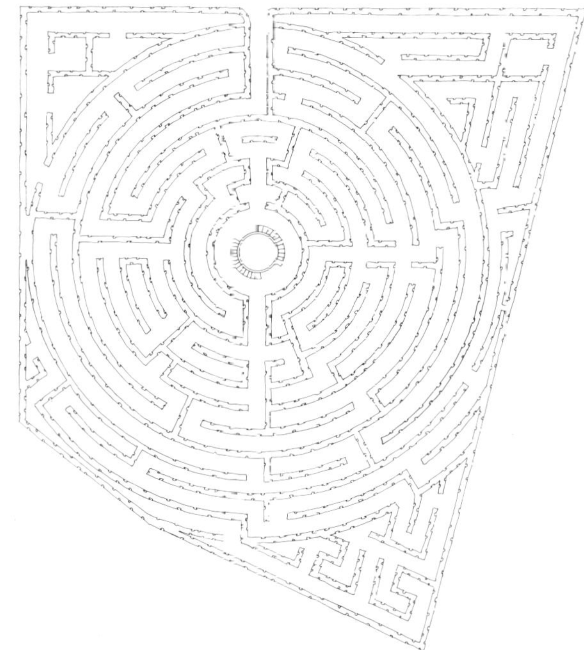

Unten links: Entwurf für ein Gartenlabyrinth – Nachzeichnung eines Kupferstiches von Jacques Mollet aus dem 17. Jahrhundert.

Grundriß für ein Heckenlabyrinth eines unbekannten deutschen Zeichners, 2. Hälfte des 16. Jahrhunderts (Nachzeichnung).

Spaliere

Spaliere stellen eine alte Anbaukultur für Obst dar. Der Obstschnitt wurde ursprünglich praktiziert, »um empfindliche Obstsorten in kälteren Gegenden noch zur Reife zu bringen« und die Obstqualität zu steigern. Geschützte, südexponierte Hauswände oder Mauern erwärmen sich durch die Sonneneinstrahlung und geben die Wärme langsam an die davor gepflanzten Spalierpflanzen ab. Die Bäume werden »Schulter an Schulter« – »la spalla« heißt auf italienisch die Schulter und »la spalliera« die Rückenlehne – in Reihe gepflanzt, die Äste ausschließlich in einer Richtung gezogen, so daß sie ineinander wachsen und sich miteinander verweben; in andere Richtungen sich entwickelnde Triebe werden regelmäßig entfernt und die streng geometrisch gepflanzten Obstbäume akkurat in Höhe und Breite geschnitten. Oft werden die für die Spaliere geeigneten Pflanzen durch ein Gerüst aus Holz oder Stahl zusätzlich unterstützt, das entweder nur der Anfangsphase dient, später aus Altersgründen in sich zusammenbricht und ein stabiles, natürliches Pflanzengerüst zurückläßt oder in besonders kunstvoller Fertigung mit den Pflanzen in ästhetischem und funktionellem Einklang steht.

Gleich einer Feldhecke können auch »Überhälter« als höhere Bäume über die sonstige Spalierhöhe hinausragen, die – in besonderen Topiary-Formen geschnitten – zur zusätzlichen Wirkung der jeweiligen Spalieranlage beitragen. Üblich sind auch Tore und Fenster in den Spalierwänden, um die räumliche Wirkung noch zu verstärken.

Stehen die Spaliere nicht frei als Raumteiler im Garten, so bilden sie oft lebende, grüne Wände vor Haus- oder Gartenmauern und dienen dem Menschen neben der Obsternte auch als Wetter- und Klimaschutz. Die zahlreichen Nistvögel, die in der natürlichen Wandverkleidung leben, fressen die Insekten, die dem Obst schaden könnten.

Die Form der Spaliere richtet sich immer nach dem Wachstum der Pflanzen; der besseren Nutzung wegen werden diese in den eigenartigsten Formen geschnitten, zum Beispiel als Leuchter oder Pyramide. Die Anordnung solcher Spaliere läßt viele gestalterische Möglichkeiten zu: gerade Fluchten, parallele Wände, Alleen, rund, sich kreuzend, dreieckig, viereckig, vieleckig oder strahlenförmig verlaufende Formen.

Die Kunst des Spaliers wird besonders

treffend von Olivier de Serres (1539–1610) in seinem Buch »Le Théâtre d'Agriculture et Mesnage des Champs«, Paris 1600 beschrieben: »Diese Anordnung der Fruchtbäume heißt espalier oder palissade, bei der die Bäume in Hecken gepflanzt werden, so daß sie sich ineinander verschlingen und miteinander verbinden ohne Rücksicht auf die Art, ihre Zweige, Blüten und Früchte in aller Freiheit vom Boden bis zu der Höhe, die man ihnen geben will, hervorzubringen. [...] Diese Anordnung gefällt auch, weil die Bäume sich sehr Mauern und Abgrenzungen anpassen, sie mögen gerade, gebogen oder sonst, wie man wünscht, geformt sein, und weil sie einen heiteren und ausdauernden Teppich hervorbringen, der im Frühjahr mit Blüten, im Sommer und Herbst mit Früchten und Laub geziert ist. Selbst im Winter sind diese Bäume nicht bar der Schönheit, wenn ihr nacktes, kunstvoll verschlungenes Geäst seine große Anmut zeigt« (Band II, S. 150–155, Übersetzung Clemens Alexander Wimmer).

Auch in jüngerer Zeit beschreibt Professor C. Th. Sørensen in seinem Buch »39 Gartenpläne für ein Stück Land« 1979 zwei Spaliergärten in einfacher, geradliniger und strahlenförmiger Anordnung. In beiden Fällen entstehen durch die lebenden Wände äußerst raumwirksame Gartenlösungen, die in einem kleinen Grundstück von ca. 675 m^2 (25 m breit und 27 m tief) immerhin 190 m Spalier aufweisen können.

Alte Apfel- und Birnenspaliere vom Anfang des Jahrhunderts zeugen heute noch in den Bauerngärten oder historischen Parks von Bedeutung und Wert der Spalierkultur. Generation um Generation wurde das Wissen über Schneidetechniken und Pflanzdetails weitergegeben, um es in zeitgenössischen Gartenplanungen wieder anwenden zu können. Die vielen Variationen von Spalierkonstruktionen und geeigneten Pflanzenarten können hier nicht umfassend behandelt werden.

Links:
Eine als Spalier gezogene Besonderheit stellt der Fächerblattbaum – Ginkgo biloba **– dar. Die Aufnahme stammt aus Irland.**

Unten:
Spaliere sind von ihrer Struktur her ästhetische Gebilde, die freistehend auch als Raumteiler fungieren können.

In Bayern ist das Birnenspalier an der Hauswand ein beliebtes Motiv. Entsprechend der Fenster wird es gezogen und beschnitten.

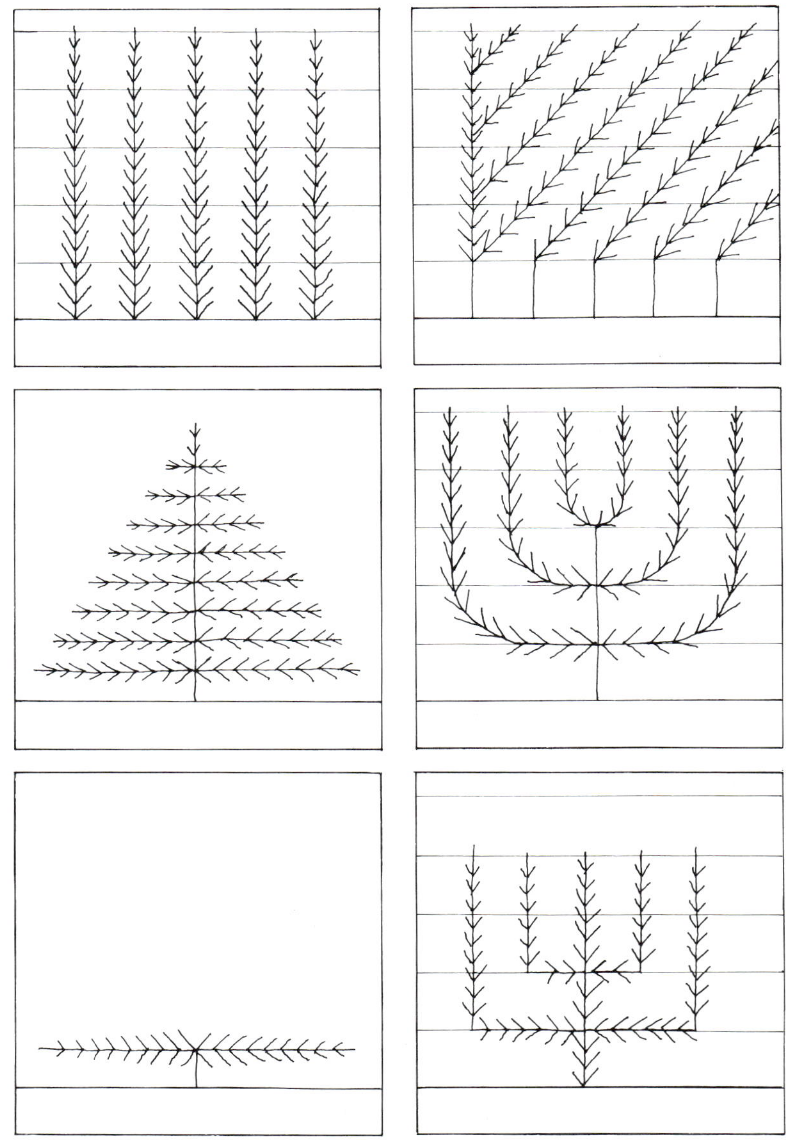

Blühendes Wandspalier vor dem Blattaustrieb.

Gebräuchliche Spalierformen nach Rudi Baumann: Senkrechter Kordon, Palmette.

Schräg gezogener Kordon, Gebogener Armleuchter.

Waagerechter Kordon, Armleuchterpalmette.

Die bizarren Buchsformen unter dem Obstbaumhain des Landschaftsarchitekten Jacques Wirtz bieten nur einen kleinen Eindruck vom vielfältigen Gebiet der Geschnittenen Gartenkunst.

Ein Garten in Botermelk Schoten bei Antwerpen von Jacques Wirtz

Die bizarr geschnittenen Buchsformen wirken für sich. Auch hier ist ein Meister seines Faches zugange. Jacques Wirtz – Architekt, Landschaftsarchitekt und Gärtner – modelliert phantastische grüne Skulpturen und erzeugt mit der Heckenschere Spannung im gewachsenen Garten. »Diese Buchsbaumhecken fanden wir in einem völlig vernachlässigten Zustand vor, während mehr als zwanzig Jahren waren sie nicht mehr gestutzt worden und zu Büschen degeneriert. Wir unternahmen es, aus ihnen fließende Formen zu stutzen, und erhielten eindrucksvolle, organisch wirkende Gestalten, welche diesem Garten einen beeindruckenden Charakter verleihen« (Jacques Wirtz: »Garten von Jacques Wirtz in Schoten bei Antwerpen, Belgien« in Anthos 1/88, S. 38).

Rechte Seite:
Bei der berühmten Eibenhecke im Garten von Montacute House, Somerset, aus der Mitte des 19. Jahrhunderts fragt sich der Betrachter, ob ein Gärtner oder ein Bildhauer am Werk war.

Links:
Vertieftes Rasenparterre mit Brunnen und geschnittenen Eibenpyramiden. Schlichte Großzügigkeit bei einfacher Formenwahl.

Rechts:
Die dunklen Eibenpyramiden schweben nahezu über dem hellgrünen Rasen.

Ein Garten zu einem mittelalterlichen Herrschaftshaus in Athelhampton bei Dorchester

Neben den landschaftlichen Partien charakterisieren streng formale Gartenelemente das herrschaftliche Anwesen in Dorset, England. Individuelle Einzelgärten umgeben das mittelalterliche Haus. Von Garten zu Garten wandelnd, zeichnet sich jeder im Mittelpunkt oder in der Hauptblickrichtung durch einen Brunnen oder eine Brunnenstatue aus. Neben einem Weißen Garten, einem Rasengarten mit Fischteich und dem im elisabethanischen Stil angelegten »Corona«-Garten beeindrucken besonders die riesigen pyramidenförmig beschnittenen dunkelgrünen Eiben auf hellgrünem Rasen, sowie das Oktogon aus geschnittenen Linden.

Buchsflächen und Hainbuchenwände bilden ein grünes Gartenzimmer.

Zu den höhenmäßig gestaffelten Buchsflächen gesellt sich Wasser in streng architektonischer Form.

»Buchsomanie« als Modeerscheinung trifft bei einem derart großzügig geplanten Garten nicht zu.

Ein Garten in Sint-Andries, Brügge von Paul Deroose

Einfacher und überzeugender kann ein Gartenentwurf nicht sein. Die Kunst liegt in der Beschränkung auf wenige Materialien, klare Formen, nur zwei Pflanzenarten, aber unterschiedliche Grüntöne. Der Landschaftsarchitekt Paul Deroose, der bei C. Th. Sørensen und Sven-Ingvar Andersson in Kopenhagen studierte, formt seinen 1973 entstandenen Garten in Sint-Andries mit Hilfe von quadratischen und rechteckigen Buchsflächen, wenigen Buchskugeln und Hainbuchenblöcken und -hecken *(Carpinus betulus)*.
Das architektonische Gartenparterre lebt von der tages- und jahreszeitlichen Stimmung, von Licht und Schatten, Grafik, aber auch von perfekter Pflege. So einfach und großzügig die kleine Gartenwelt wirkt, so modern und zeitlos ist das Konzept auch heute noch.

Geschnittene Einzelformen

Neben den Hecken und Heckenräumen, Parterres und Terrassen sowie Rasen-Wiesenkreationen gibt es zahlreiche Einzelformen Geschnittener Gartenkunst, die sich gut im privaten Hausgarten verwirklichen lassen. Bänke oder Skulpturen zum Beispiel bilden in Verbindung mit streng vertikal und horizontal geschnittenen Pflanzenelementen spannende Höhepunkte innerhalb eines Gartenkonzeptes.
Sie kommen besonders gut vor der Hecke, in Heckennischen oder in einer laubenartig beschnittenen »Grünarchitektur« zur Wirkung. Auch in Töpfen können geschnittene Gartenkunstwerke die kleinste Terrasse, Innenhof oder Balkon reizvoll beleben.
Aufgrund der langjährigen Beschäftigung des Gartenliebhabers mit der Materie »Geschnittene Gartenkunst« entstehen oft skurrile Erscheinungsformen, die in ihrer Einmaligkeit und Ästhetik den Betrachter faszinieren.

Geschnittene Gartenkunst in Töpfen

Die Tradition ist alt. Sie reicht ins späte Mittelalter und in die Frührenaissance zurück. Zitronen-, Rosen-, Kamelien- oder Geranienhochstämme schmückten als Kugel- und Etagenbäumchen in formschönen Terrakotten oder Holzgefäßen kleine bis große Terrassen, Balkone und Parterres.
Die amerikanische Gartenkünstlerin Bunny Mellon war eine der ersten in den 50er Jahren unseres Jahrhunderts, die aus Kräutern wie Rosmarin, Myrte oder Thymian bis zu einen Meter hohe Kleinskulpturen formte. Heute gewinnen Topfpflanzen wieder an Bedeutung. Während sie im Sommer den Garten zieren, muß in den meisten Fällen im Winter für einen Platz im Keller, Gewächshaus oder Wintergarten gesorgt sein. Im unbeheizten Raum dürfen sie nicht zu dunkel stehen und nicht austrocknen: Geeignete Arten für den Formschnitt sind Fuchsie, Bougainvillea, Lantana, Hibiscus, Zitronen-

bäumchen, Geranie, Pelargonie, Rosenarten, Lorbeer, Zypressenkraut *(Santolina chamaecyparissus)*, Lavendel sowie die bereits erwähnten Kräuter.
Als winterfeste Pflanzen gelten die Wacholderarten *Juniperus chinensis* und *Juniperus virginiana*, sowie die Felsenmispel *(Cotoneaster horizontalis)*.
Damit die Kleinode Geschnittener Gartenkunst gut zur Wirkung kommen, ist immer das jeweils geeignete Pflanzgefäß auszu-

Linke Seite: Treppenanlage mit Kugelbäumchen in Chatsworth Garden, Edensor, Derbyshire.

Hochstammkugeln in gemusterten Holztrögen.

Vogel, Spirale und andere Formentiere in Pflanzgefäßen.

Zitronenbäumchen in italienischer Terrakotta – umgeben von geschnittenen Buchskuben.

suchen; am beliebtesten sind die italienischen Terrakotten oder quadratische Holzkisten auf Füßen, weiß oder grün gestrichen mit Holzgriffen.
Wenige Pflanzenarten in ein und demselben Gefäß wirken meist am großzügigsten. Sie können im strengen Raster aufgestellt werden oder einzeln oder in Gruppen Hauseingänge und Brunnenplätze akzentuieren; die berühmtesten »Türsteher« oder auch Begleiter von Rednerpulten und Bühnen bei offiziellen Festveranstaltungen sind die als Kugel geschnittenen Lorbeer-Hochstämme. Wie bei den Großformen Geschnittener Gartenkunst ist auch im Kleinformat eine reiche Formenvielfalt bis zu den geschnittenen Hühnern und Vögeln für den interessierten Gartenfreund verfügbar. Entscheidend ist die richtige Pflege. Ein regelmäßiges Beschneiden der ausgewachsenen Krone eines Formbäumchens führt zu einem immer dichter werdenden Laubwerk. Durch periodisches Umtopfen wird das Wachstum der Pflanze gefördert. Bei längerer Vernachlässigung der erforderlichen Schneidearbeiten empfiehlt es sich nicht, einen Radikalschnitt auszuführen; die Krone sollte in diesem Fall wöchentlich ausgedünnt und abgestorbene Zweige entfernt werden.
Bei entsprechender Pflege können Lorbeer ca. 80 Jahre und Orangenbäumchen sogar 200 Jahre alt werden.

Bank- und Laubenmotiv

Die Bank ist ein beliebtes Motiv im Garten. Steht sie in Verbindung mit kantig oder rund geschnittenen Heckenstrukturen – in der Heckennische oder unter einem laubenartigen Dach –, strahlt sie ästhetische Vornehmheit aus und lädt in besonderer Weise zum Ausruhen im Garten ein.
Von einer intelligent in das Gartenkonzept integrierten Bank schaut man entweder in den Garten auf Pflanzbeete und Wasserflächen oder über den Garten hinweg in die freie Landschaft; oft bilden Bänke den Abschluß von wichtigen Wegachsen.
Für die Kombination »Hecke – Bank« eignen sich fast alle Arten, außer stachelige Gehölze wie zum Beispiel die Berberitze. Häufig verwendete Arten sind Hainbuche, Rotbuche, Eibe, Buchs und Liguster.
Originell sind Bänke und Sitzgelegenheiten im Garten, die mehr zur Zierde als zur Benutzung selbst geschaffen sind. Wie bei einem »Plüschsofa« versinkt man auf dem grünen Sessel in das »Blätterpolster« – allerdings nur mit den Augen.

Links:
Zwei unterschiedlich geschnittene Lauben mit Sitzbänken im Garten von Longleat House, Warminster, Wiltshire, England.

Rechts:
Oben: Holzbank und pflanzliche Rückendeckung sind im Garten von Snowshill Manor, Gloucestershire, wie aus einem Guß.

Rechts außen:
Beispiel einer Gartenbank mit Hecke als Blickfang in einem Garten in Holland.

Unten: Leuchtend weiße Bank mit umgebendem Heckenstück in einem deutschen Hausgarten.

Rasenbank – Installation ›Re-Naissance‹ von Daniel Spoerri in München 1996.

Grüne Bank in
einem Hausgarten
in Holland.

Vogelpromenade im Topiary-Garten von Great Dixter in Northiam, East Sussex. Haus und Garten sind von Architekt Sir Edwin Lutyens entworfen.

Grüne Skulpturen

Skulpturen im Garten faszinieren: exponiert und versteckt, auf einem Sockel oder aus dem Boden emporragend, liegend, stehend oder »nur« ästhetisch, befinden sich die Kunstwerke aus Stein, Holz oder Stahl entweder in einem streng architektonischen Rahmen – auf befestigten Steinbelägen, zwischen geschnittenen Hecken, unter einem Baumdach – oder im landschaftlichen Kontext: man denke an Henry Moores »König und Königin« im Hochland von Schottland. Aus der Barockzeit kennen wir die reich mit Skulpturen geschmückten Parkanlagen. Skulpturengärten wie im Guggenheimmuseum in Venedig, Museum des 20. Jahrhunderts in Wien und Louisiana bei Helsingör, Dänemark, sind eindrucksvolle Beispiele des Zusammenwirkens von Skulptur, Architektur, Landschaft und Garten.
Besonderheiten sind grüne Plastiken, die aus dem lebenden Material »Pflanze« geschaffen werden. Zwar sind die aus Pflanzen geschnittenen Hirsche, Hühner, Pfaue, Schafe, Schlachtenbilder und Menschenfigurationen nicht jedermanns Sache. Für den einen stellen diese Kuriositäten eine lebenslange Liebhaberei, für den anderen eine Geschmacksverirrung dar.
Trotz der begeisterten Einstellung des Autors zur Geschnittenen Gartenkunst können manche Beispiele nur mit Humor ertragen werden. So kann man die Meinung Shirley Hibberds aus Curtis' Standardwerk über Topiary-Kunst gut teilen: »Wenn ich auch diesen Geschmack nicht durch dick und dünn verteidige, so bin ich doch bereit zuzugeben, daß sich viel zu seinen Gunsten sagen läßt, und mir liegt es fern, ihn öffentlich als extravagant oder närrisch zu rügen. Es mag wahr sein, und ich für meine Person glaube es, daß die natürliche Form eines Baumes die schönste ist, die er haben kann, aber es mag sein, daß wir nicht immer die schönste Form wünschen, sondern eine unserer eigenen Prägung, in der unsere eigene Erfin-

dungsgabe sich versinnbildlicht« (Charles H. Curtis: »The Book of Topiary«, 1904). Die Qualitäten grüner Skulpturen liegen aber vielmehr in modern, zeitlos geschnittenen Formen, die in ihrer Einfachheit und Schönheit beeindrucken. Vieles ist auf dem Gebiet in den kommenden Jahren noch zu erfinden. Ein paar Beispiele von Skulpturen in Verbindung mit geschnittenen Gartenelementen werden hier vorgestellt.

Links:
Skulpturen und geschnittene Pflanzformationen gehören seit Jahrhunderten zusammen.

Rechts:
Oben: Der »Stöckelschuh« als grünes Kunstobjekt.
Unten: Eine Taube aus Thuja geschnitten grüßt am Gartentor.

Rechts außen:
Bei den aus einer Eibenhecke springenden Tieren im Garten von Knightshayes Court in Tiverton, Devon, läßt sich das Entstehen der grünen Skulpturen studieren.

Parterres und Terrassen

Barockes Parterre mit geschnittenen Buchsformen und Sommerblumen.

Parterres kennen wir vor allem aus den Gärten der Renaissance und des Barock. Wege, Wasserflächen und meist niedrige Bepflanzung aus Sommerblumen, Buchsrabatten und Rasenstücken unterliegen auf ebenem Gelände einer strengen Geometrie. Das Parterre ist vom Schloß aus einsehbar; es ist das Prunkstück der Gesamtanlage; in ihm wandelt der Besucher auf geradlinigen Wegen; große Blickachsen sorgen für die Orientierung im Park.

Im englischen Landschaftsgarten löst die »terrace walk« – die Terrasse – das frühere Parterre ab, von der aus man über den Garten hinwegschaut.

Der französische Gartentheoretiker Dezallier d'Argenville (1680–1765) unterscheidet vier Parterrearten: Parterres de broderie, parterres de compartiment, parterres à l'angloise und parterres de pièce coupées.

In den Entwürfen von Dominique Girard für Schleißheim und Brühl stellt sich ein typisches »Parterre de broderie« dar mit Rasenbändern, Rasenmuschel und ornamental gepflanztem Buchs.

Beim »Parterre de compartiment« kommt eine Symmetrie etwa mit rundem Brunnen in der Mitte, Längs- und Querachsen hinzu. Gegenüber dem Broderieparterre mit großem Pflegeaufwand und hohen Entstehungskosten ist das »Parterre d'angloise«, Englisches oder Rasenparterre, viel billiger. Ornamentale Rasenstücke gliedern die dazwischenliegende begehbare Kiesfläche. Das Rasenparterre empfand man in der er-

sten Hälfte des 18. Jahrhunderts »natürlicher« als das Broderieparterre.
Besonders aufwendig ist schließlich das »Parterre de pièce coupée pour les fleurs«, ein Blumenparterre voller kleinteiliger Rabatten und Muster, die von geschnittenem Buchs eingefaßt und von Formbäumchen begleitet sind. Ein Beispiel hierfür ist das Grand Trianon in Versailles.
Zahlreiche Parterre-Entwürfe sind auf die Theorie von Dezallier d'Argenville zurückzuführen und haben immer mit Geschnittener Gartenkunst zu tun. Je perfekter sie gepflegt sind, desto überzeugender wirken sie für den Betrachter. Buchs muß jährlich zweimal geschnitten werden, die Rasenflächen sind stets zu mähen und zu den anschließenden Kies- oder Pflanzflächen korrekt abzustechen. Die Sand- und verschiedenfarbigen Kieswege müssen von Wildkraut freigehalten und zwischendurch ausgetauscht werden.
Ein paar eindrucksvolle Beispiele von Parterres mit oft ausschließlich geschnittenen Gartenelementen aus verschiedenen Ländern und Zeitepochen werden im folgenden vorgestellt. Was Dezallier d'Argenville in seinem gartentheoretischen Werk bereits im 18. Jahrhundert zum Ausdruck brachte, trifft heute noch genauso zu:
»Ein Garten, der nur aus einem Parterre ohne Lustgebüsche und dergleichen besteht, mag schön sein und für sich großzügig wirken, im Vergleich aber mit der benachbarten Landschaft erscheint er begrenzt. Man kann jedoch das Auge über die wahre Größe im Unklaren lassen, wenn es auf Elemente wie Hecken, Wandelgänge oder Durchblicke stößt; sie verhindern willkommen völlige Überschaubarkeit und lassen so an größere Dimensionen denken« (A.J. Dezallier d'Argenville, S. 20).

Terrasse mit geschnittenen Buchshecken, -rabatten und -kugeln im Garten von Château de la Barben in der Provence, Frankreich. Die Anlage wird dem Landschaftsarchitekten André Le Nôtre zugeschrieben.

Horti Leonini di San Quirico d'Orcia

Geschnittene Gartenkunst par excellence – zugleich grüner Ausstellungsraum für zeitgenössische Skulpturen.

In der Nähe von Siena, in San Quirico d'Orcia, prägen beschnittene Buchsbaumhecken und Steineichen den inmitten des kleinen mittelalterlichen Städtchens gelegenen Garten.
Von Diomede Leoni 1540 angelegt und zur Zeit Kardinal Großherzog Ferdinands I. von Medici realisiert, erstreckt sich der Gartenraum unmittelbar am Rande der keilförmig verlaufenden alten Stadtmauer von San Quirico. Er ist heute öffentlich und gut gepflegt.
Im vorderen, unteren, parterreartigen Garteteil, den man durch ein großes Stadttor betritt, bestimmen ca. 60 cm hoch geschnittene doppelreihige Buchshecken die weite Rasenfläche. Einzelne Buchskugeln inmitten der keilförmigen und dreieckigen Anordnung lockern – gleichsam schwebend über dem Rasen – die Bildfläche auf.
Die deutliche Höhenstaffelung vom Rasen, die Buchshecken und Buchskugeln und der bandartig geschnittene Steineichen-Abschluß im Übergang zur Stadtmauer und den angrenzenden Häusern, sowie das freiwachsende Eichenwäldchen im hinteren oberen Garteteil führen zu einer hochwertigen architektonischen Gartenauffassung, die den Besucher der Anlage fasziniert.
Neben den geschnittenen Gehölzformen im Kontext zur umgebenden mittelalterlichen Stadtstruktur sorgen im Freien aufgestellte moderne Skulpturen für zusätzliche Spannung im Garten- und Zeitgefüge. Bei entsprechenden Grundstückszuschnitten lassen sich die in San Quirico in besonderer Klarheit und Einfachheit kombinierten Schneideformen selbst im Hausgarten zur Gestaltung von signifikanten Aufenthaltsräumen und eindeutigen Wegeverbindungen eindrucksvoll anwenden.

Rasen, Buchshecken, wenige Buchskugeln und die kastenförmig geschnittenen Steineichen staffeln sich höhenmäßig bis zu den angrenzenden Häusern.

Der Garten zur Villa Il Roseto in Arcetri, Florenz

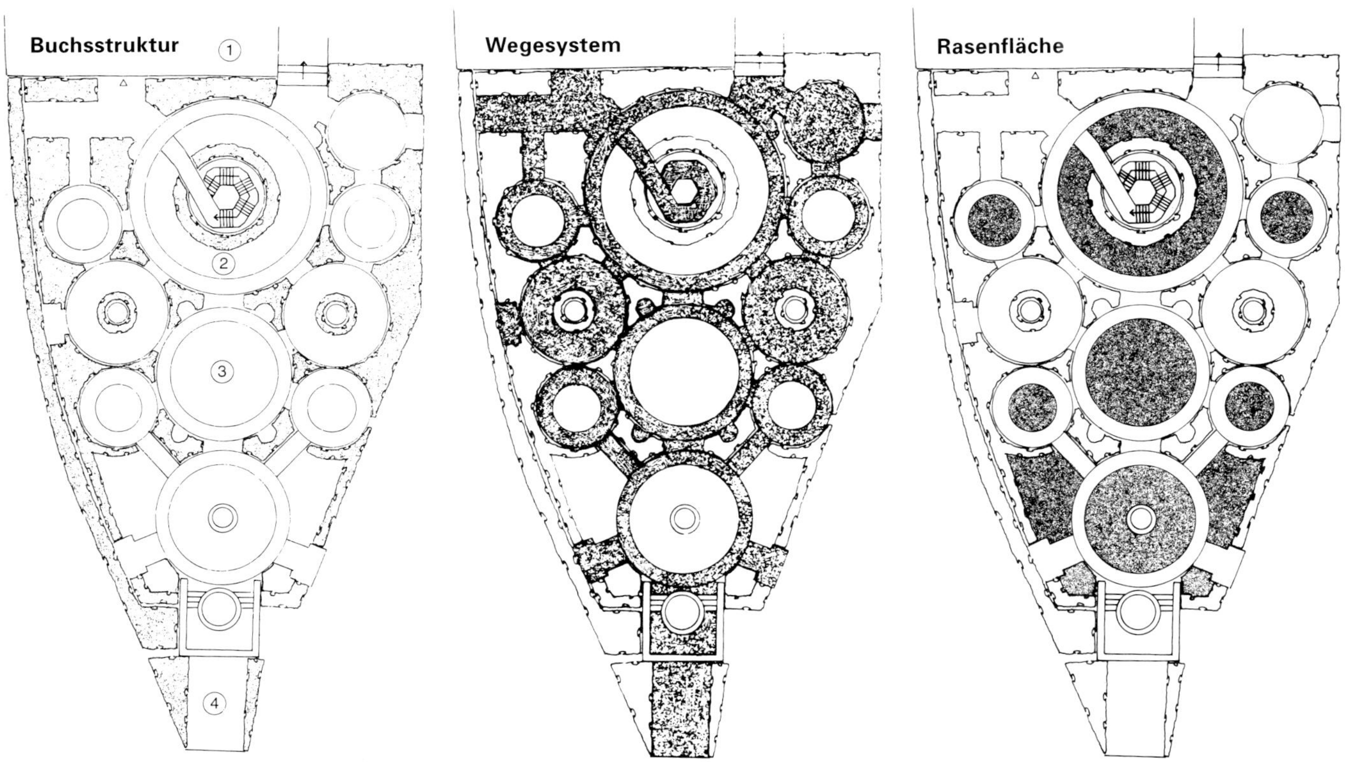

Grundriß des Parterres – Strukturanalyse
1 Villa
2 Wendeltreppe
3 Rasenrondell
4 Tiefgarageneinfahrt
Wegesystem: kreisförmige Erschließung
Rasenfläche: Das helle Grün bildet einen angenehmen Kontrast zum dunklen Grün der Buchshecken
Buchsstruktur: Beschnittene Buchsflächen unterschiedlicher Höhe zur Raumbildung des Parterres

Pietro Porcinai (1910 – 1986), der in Florenz als Landschaftsarchitekt wirkte, entwarf 1962 einen Garten zu einer vorhandenen toskanischen Villa, der heute ein berühmtes Beispiel Geschnittener Gartenkunst aus jüngerer Zeit darstellt.
Die der Villa vorgelagerte und neu entstandene Tiefgarage kann 20 Autos aufnehmen. In ihrer kunstvoll mit Kieselmosaiken geschmückten und tageslichtdurchfluteten Ausführung kann sie auch als Festsaal bei besonderen Anlässen dienen.
Von der Tiefgarage aus gelangt man über eine mit Efeu bewachsene und mit einem Brunnen kombinierte Wendeltreppe zu dem modernen Parterregarten, der sich auf dem Dach der Garage vor der Hauptvillenfassade erstreckt. Dieses Parterre zieren im wesentlichen kreisrunde Rasenflächen und die Kreisform aufnehmende ca. 30 – 80 cm hoch geschnittene Buchssegmente. Wenige Bäume wachsen auf dem Garagendach oder durchdringen von unten die Tiefgaragendecke.
Die von der Gestaltung her ruhigen immergrünen Buchsflächen erinnern an die italienische Gartentradition der Renaissance, zeichnen sich dennoch durch moderne Zeitlosigkeit aus und verhelfen dem Ort zu vornehmer Großzügigkeit, Würde und Einmaligkeit. Von der Terrasse eröffnet sich dem Besucher der Blick auf Florenz – auf die Domkuppel von Brunelleschi und die Türme der Altstadt. Auch im weiteren Verlauf des Gartenspaziergangs fallen eindrucksvolle geschnittene Gartenelemente inmitten der von Olivenbäumen und Zypressen geprägten Landschaft auf: Neben den hangbegleitenden geschnittenen Gehölzformationen ist der Tennisplatz von einer mächtigen, an ihrer Oberseite leicht durchhängenden geschnittenen Hecke umgeben.
Dieser geniale Entwurf Pietro Porcinais mit Hilfe geschnittener Gartenelemente ist im Sinne der traditionellen Definition des Gartens als einer aus der umgebenden Landschaft herausgeschnittenen Gestaltung zu verstehen.

Das moderne Parterre variiert traditionelle Prinzipien axialer Gartenanlagen. In allen drei Gestaltungselementen – Rasen, Buchs, Wege – findet sich mit wenigen Ausnahmen die Symmetrie wieder.

Longleat House, Warminster, Wiltshire, England

Das Herrenhaus stammt aus dem Jahr 1567. Den Landschaftsgarten hierzu schuf kein Geringerer als Lancelot »Capability« Brown 1757. Die formalen Gartenteile entstanden im wesentlichen 1952 vom Landschaftsarchitekten Russel Page in Zusammenarbeit mit dem damaligen Eigentümer. Neben den gestalterischen Qualitäten des frühen englischen Landschaftsstils begegnen uns in Longleat auch bemerkenswerte Formen Geschnittener Gartenkunst.

Am berühmtesten ist das größte Heckenlabyrinth der Welt mit nahezu 3 km Gesamtheckenlänge;

Aus Heckenblöcken geschnittene Lauben mit einladenden Sitzbänken bilden architektonische Kleinode am Ende von Wegeachsen; schließlich beleben phantasievoll gebänderte Buchsflächen, gegliedert durch Akzente setzende Buchskugeln, den Gesamtgartenraum.

Die Arbeit, die diese Gartenanlage allein im Hinblick auf das Heckenschneiden mit sich bringt, ist man in Longleat seit langem gewohnt. In der zweiten Hälfte des letzten Jahrhunderts waren zur »Glorious-Nation«-Zeit Englands hier noch 264 Haushaltshilfen für die achtköpfige Familie und deren zahlreiche Gäste beschäftigt, darunter 30 Gärtner.

Ham House, Petersham, England

Garten und Haus stammen aus dem frühen bis mittleren 17. Jahrhundert. Der Garten ist – kürzlich rekonstruiert – in gutem Zustand. Vom Haus aus gelangt man über eine breite Terrasse und großzügige Stufen auf äußerst streng gehaltene Rasenteppiche, die von geradlinigen Wegen durchkreuzt werden. Geometrisch auf Achsen bezogene hohe Hecken umschließen kleine Wäldchen oder Rasenparterres mit Sitzlauben.

Seitlich des Hauses befindet sich eine Gartenpartie, die vor allem von geschnittenen Pflanzenelementen geprägt ist: Umgeben von einem Laubengang, bilden niedrige Buchshecken dreieckige Flächen, die einheitlich mit Lavendel bepflanzt sind; die Wege dazwischen sind mit gelblichen, fast golden wirkenden Kieseln ausgelegt.

Einzige Akzente innerhalb der weiten Lavendelfläche bilden kleine Buchspyramiden entlang der Wege. Die farblich reizvoll abgestimmten Formen rufen eine besondere Stimmung in der Folge der Gartenräume hervor.

Die Klosteranlage mit Kirche, altem Friedhof, Kloster, Lehrer- und Studentenheimen und Refugium ist geprägt von Geschnittener Gartenkunst ganz besonderer Art. Vor allem das Refugium besticht in seiner genial-erfinderischen und zeitlosen Gestaltung. Es entstand im Jahre 1961. Die Architekten waren Rolf Graae und Richard Aas mit I. P. Junggreen Have als Landschaftsarchitekt. Der einfache, stille Innenhof ist flächig mit buchstaben- oder zeichenartigen niedrigen Buchenflächen bepflanzt, die an den Endpunkten Eibenblöcke haben, die sich inzwischen zu geschnittenen Skulpturen entwickeln konnten. Dazwischen liegen mit Pflasterzeilen eingefaßte Rasenwege.
Die nordwestliche Ecke des Hofes ist geländemäßig auf das Niveau des Einganges angehoben. Der Hof ist streng geometrisch im Kontrast zu der umgebenden Landschaft. Drei vorhandene alte Eichen und ein Rosengarten sind in das Gartenkonzept integriert. Die Anlage ist perfekt gepflegt. Hervorragende Landschaftsarchitektur, freie Landschaft, Kunst und Architektur kommen auf engstem Raum in besonders eindrucksvoller Weise zur Wirkung.

Løgumkloster, Dänemark

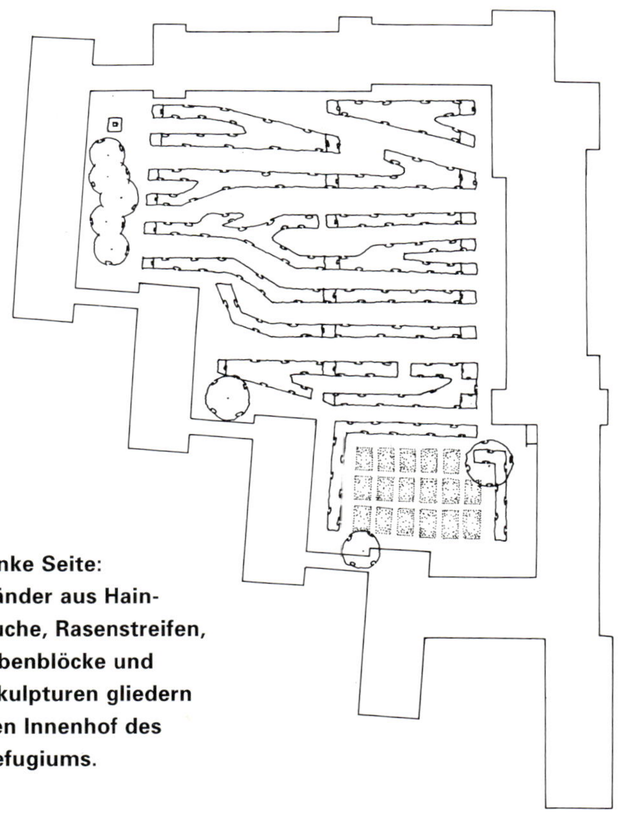

Linke Seite: Bänder aus Hainbuche, Rasenstreifen, Eibenblöcke und -skulpturen gliedern den Innenhof des Refugiums.

Die Anlage strahlt klösterliche Ruhe aus.

Kompositionen aus Rasen und Wiese

Auch Rasen und Wiese sind landschaftsarchitektonische Gestaltungselemente, die durch entsprechende Schneideformen und Schnitthäufigkeit unterschiedliche ästhetische und ökologische Wirkungen hervorrufen können. Rasen kann sehr langweilig sein. Er kann aber auch in Kombination mit Wiese oder architektonischen Gliederungselementen von besonderer Eleganz, Schönheit und Ausdrucksstärke sein. Der Gestaltungsvielfalt sind keine Grenzen gesetzt. Die folgenden Beispiele zeigen Qualitäten vornehmer Rasengestaltungen und kreativer Mähkultur.

Der Rasen- und Wiesengarten der Landschaftsarchitekten Stephanie und Christoph Carter in den Cotswolds, England, begeistert durch den schöpferischen Umgang mit niedrig geschnittenen und höher wachsenden Gräsern im ländlichen Umfeld.

Variationen über ein eigenes Thema

Rasenmähen im traditionellen Stil ist wenig abwechslungsreich und macht keinen Spaß. So beschäftigt sich der Autor des Buches mit eigenen Kompositionen zum Thema Rasen und Wiese. »Variatio delectat« – in diesem Sinne lassen sich unterschiedliche Muster in die Wiese einmähen, die sowohl die mähende Person als auch den späteren Betrachter der Rasenschneidekunst vom ästhetischen Erscheinungsbild her begeistern. Konzentrische Kreise, Spiralen, Bänder, Raster, amorphe Formen, Mäander und Labyrinthe bilden interessante Mähstrukturen, die das Gesamtbild eines Gartens zusätzlich aufwerten. Die Kunst, mit Rasen und Wiese zu experimentieren, ist zwar meist kurzlebig, da die geschnittenen Gräser schnell wachsen und die erfundenen Strukturen einer steten Veränderung unterworfen sind; sie regt aber in besonderem Maße die schöpferische Phantasie des Gartenbesitzers an.
Die Dauer der optischen Wirkung läßt sich verlängern, indem nach 1–2 Wochen der inzwischen gewachsene Rasen als Wiese stehengelassen wird und die ursprünglichen Wiesenstücke abgemäht werden. Die Positivform wandelt sich in die Negativform und umgekehrt – das Spiel läßt sich beliebig oft wiederholen. Jedem sei dieses schöpferische Rasen-Wiese-Vergnügen empfohlen.

Die Langeweile beim Rasenmähen kann durch einen einfallsreich gestalteten Wiesenmäander leicht überwunden werden. Das Experiment stammt vom Autor dieses Buches selbst.

Mähstrukturen in Rasen und Wiese – Ideen kurzlebiger Geschnittener Gartenkunst.

Mäander: Am besten wird die Positivform erstmals im Jahr in das frische Grün des Monats Mai gemäht.

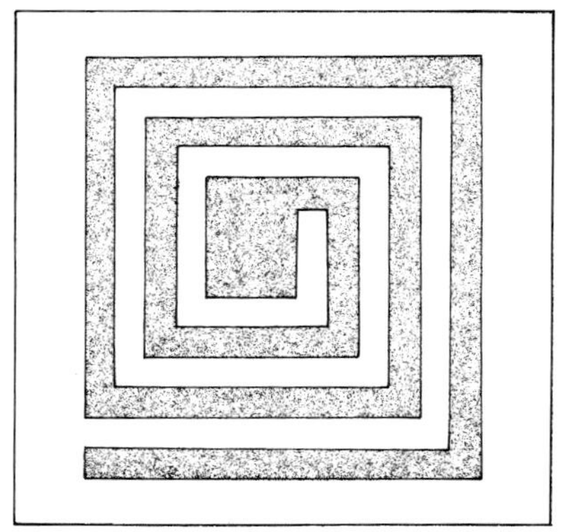

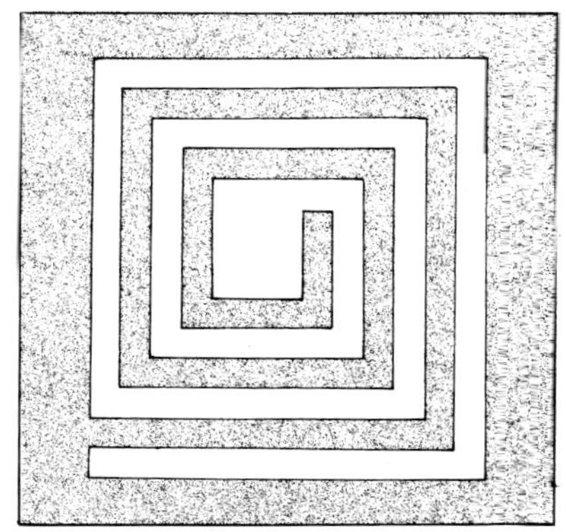

Mäander: Nach ca. 1–2 Wochen wird der inzwischen gewachsene Rasen als Wiese stehen gelassen und der ursprüngliche Wiesenmäander abgemäht – so entsteht die Negativform. Das Spiel läßt sich beliebig oft wiederholen.

Konzentrische Ringe oder Spirale als besonders reizvolle Kombination mit Bodenmodellierung.

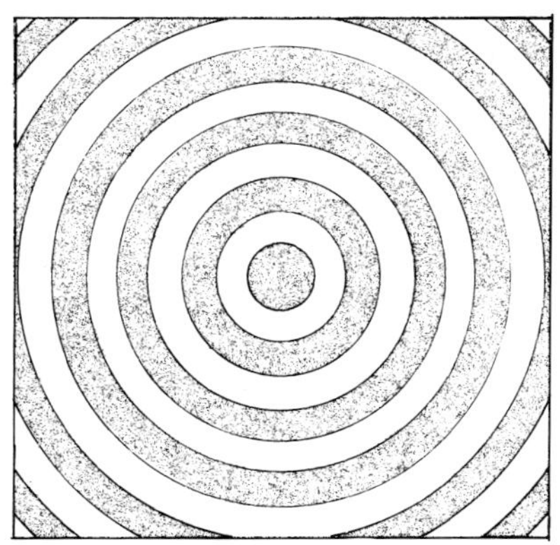

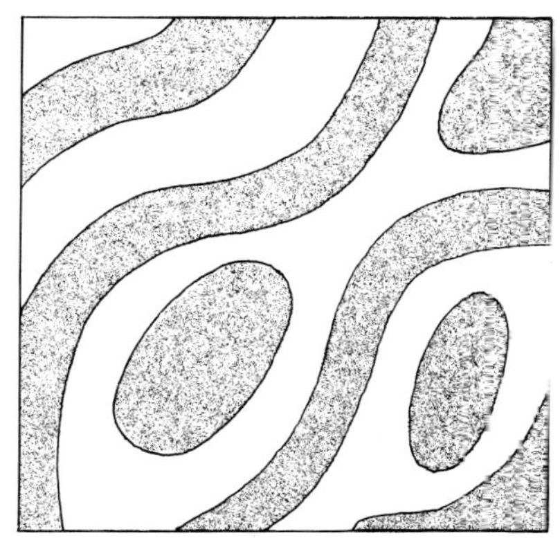

Der schöpferischen Erfindung weiterer Schneideformen sind keine Grenzen gesetzt.

Bandartige oder freie Rasen-Wiesenformen.

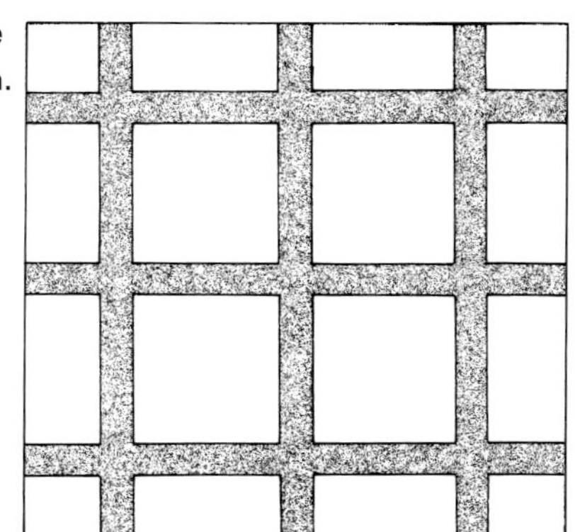

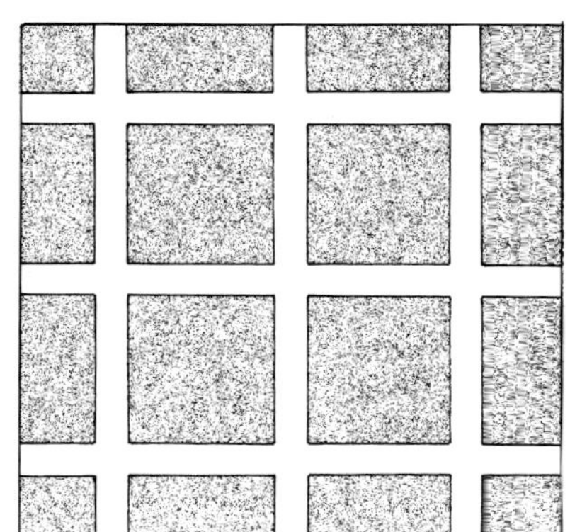

Raster: Auch hier lassen sich Positiv- und Negativformen – Rasen, Wiese – im Wechsel der Mähgänge herausarbeiten.

Rasengarten zur Villa Granaiolo bei Empoli

Perfekt geschnittene Rasenstufen als gestalterisches Hauptelement in einem neuen toskanischen Garten.

Die Villa stammt aus dem 18. Jahrhundert. Der Garten wurde 1969 von der Mailänder Innenarchitektin Gae Aulenti neu angelegt. Einzige Elemente des klaren und einfachen Gartenentwurfes sind Rasen und Marmorbänder; sie bestimmen das Umfeld der majestätisch am höchsten Punkt des Rasenhanges gelegenen Villa. Die Topographie des Geländes wird den Höhenlinien entsprechend mit Hilfe der rechtwinklig verspringenden weißen Marmorbänder nachgezeichnet. Letztere gliedern die große Fläche in Rasenbänder und Rasenterrassen.
Der abgetrennte Garten, der sich im wesentlichen in zwei Hauptrichtungen erstreckt, ist von der Villa aus gleich einem historischen Parterregarten voll einsehbar. Am einen Ende befindet sich das ebenfalls in streng geometrischer Form angelegte Schwimmbad. Begrenzt wird das moderne Rasenparterre optisch von der umgebenden Baumkulisse. Die regelmäßig geschnittenen Rasentreppen stellen die große Idee des Gartenentwurfs dar. Längst ist der Garten aufgrund seiner Einfachheit, Vornehmheit, Abstraktion und Perfektion in Planung und Ausführung in die jüngere Gartengeschichte Italiens eingegangen.

Park von Port Lympne bei Hythe, Kent

Ein Parterre besonderer Art stellt der »Schachbrettgarten« innerhalb des Parks von Port Lympne dar. Das Anwesen wurde im frühen 20. Jahrhundert von Architekt Sir Herbert Baker für Sir Philip Sassoon entworfen. Entwurf und Ausführung des Gartens stammen von Sir Philip Sassoon und Philip Tilden. Für die Restaurierung des Gartens im Jahr 1973 zeichnet Russell Page verantwortlich.
Das rechteckige Parterre ist von einer Eibenhecke umgeben, die an allen vier Seiten unterschiedlich beschnitten ist. Das Schachbrett besteht aus Quadraten, die mit rosa und roten Eisbegonien bepflanzt sind, und Rasengevierten – ein Parterre, das vielleicht betretbar, aber eher zum Beschauen gedacht ist.

Rosa und rote Eisbegonien bilden im Wechsel mit Rasen – umgeben von einer dunklen Eibenhecke – ein auffallendes Schachbrettmuster.

Der Garten zur Villa Zapu, Napa Valley, Kalifornien

Links:
Rasen- und Wiesenbänder umkreisen Villa, Schwimmbad und Gästeturm dieses Anwesens im Napa Valley.

Rechts:
Die zwei unterschiedlich schnell wachsenden Grassorten sind äußerst trockenresistent, was dem sparsamen Umgang mit Wasser in dieser Gegend entgegenkommt.

»Man muß die Naturkräfte selbst sprechen, nicht die Dinge wie Natur aussehen lassen.« In diesem Sinne versteht der Landschaftsarchitekt George Hargreaves seine Außenanlagen zu dem auf einem Hügel gelegenen Landsitz mit Wohnhaus, Swimmingpool und Gästeturm in Napa Valley – Architekten David Conner of Powell, Tuck Conner, London.

Der Garten zwischen Fichten-Eichenwald und den in die Landschaft komponierten Gebäudeteilen besteht nur aus zwei Sorten trockenresistenter, einheimischer Gräser, die in wellen- und kreisförmigen Bändern sich dem natürlichen Gelände anpassen.

Die geschnittenen Formen unterschiedlicher Höhe und Struktur sollen in ihrer Künstlichkeit und topographieabhängigen Bewegung Weinberge assoziieren, wie sie in Napa Valley im Kontrast zur Natur vorkommen. In die Rasen-Wiesen-Bänder sind mitunter Wildblumen gemischt, die jahreszeitliche Höhepunkte im Rahmen des Gartenerlebnisses bilden:

Blau blühender Lein *(Linium lewsii)* in den Flächen des kurz wachsenden Grases *(Briza maxima)* und eine kalifornische Mohnart *(Eschscholzia californica)* in den höher wachsenden Grasflächen (*Poa annua* und *Festuca meglura*).

Mit Ökologie hat der Garten wenig zu tun. Ähnlich dem Topiary früherer Zeit ist im Garten zur Villa Zapu eine neue artifizielle Gartenkunst entstanden, die das Thema »Geschnittene Gartenkultur« in progressiver Weise um einen beachtlichen Beitrag bereichert. »Landschaftsarchitektur zeigt, wie unsere Kultur auf Natur trifft. Mit Kunstideen hat das nichts zu tun. Auch nichts mit Architektur. Alles was zählt ist: Landschaft und die Menschen darin.«

Weiterhin merkt George Hargreaves über seine Arbeit an: »Es kommt nicht darauf an, einen Ort zu dominieren, sondern darauf, Beziehungen zu schaffen, zu größeren, kulturellen und physikalischen Kontexten.«

Ausblick

Ist die Geschnittene Gartenkunst nun ausschließlich Vergewaltigung der Natur oder verbindet sich mit ihr im Gegenteil die höchste Stufe ästhetischer Gartenkultur? Der Leser des Buches dürfte von letzterem überzeugt sein.
C. Th. Sørensen bezeichnete seine »geometrischen Gärten« in Herning, Jütland, Dänemark, als sein bestes Werk und verglich sie mit Musik, Kunst und Literatur.

Das bananenförmige Kunstobjekt befindet sich in Ponsado dos Loios, Portugal: modernes Topiary oder Vergewaltigung der Natur?

Diese Außenanlagen zu einem Kunstmuseum inmitten eines Industriegebietes überwältigen hinsichtlich Klarheit, Einfachheit und moderner Zeitlosigkeit. Hecken unterschiedlicher Höhe – von 3 bis 8 Metern – bilden Räume abwechslungsreicher Grundformen: von oval über drei- bis achteckig zu rund und quadratisch; die künstlerisch gestaltete, von Geometrie geprägte Raumfolge einschließlich der zwischen den Heckenwänden befindlichen Wege zeugt von höchstem planerischen Anspruch an Erfindungsgeist und Phantasie Geschnittener Gartenkunst.
In diesem Sinne wird in Zukunft weniger der dekorative Formschnitt mit all den erwähnten Topiary-Beispielen Einzug in unsere Gärten halten, sondern vielmehr die ästhetisch wie funktional überzeugende räumliche Lösung geschnittener Flächen, Wände und Dächer die Gartenkünstler interessieren. Der Autor hofft, daß das vorliegende Buch hierzu ausreichend Anregungen gibt. Werden Heckenschere und Rasenmäher nicht nur als »notwendiges Übel« zur Gartenpflege eingesetzt, sondern als Mittel benutzt, Werdendes, Wachsendes oder sich über Jahre Entwikkelndes im Sinne der ursprünglichen Form einerseits zu erhalten, andererseits positiv-kreativ zu verändern, entsteht Neues, Phantastisches und Originelles.
Jeder möge in seinem eigenen Garten mit neuen Ideen die Geschnittene Gartenkunst bereichern. Dies wünscht sich der Autor, der mit seinen eigenen Projekten zu diesem Thema erst am Anfang seiner Künste steht. Nach einigen Jahren wird es hoffentlich weitere eindrucksvolle und vorzeigbare Gärten des Autors wie seiner Leserschaft geben. Was nicht nur für die Geschnittene Gartenkunst, sondern jegliche Beschäftigung mit Gestaltung, Raumfindung und Kulissenwirkung im Grünen gilt, bringt Hermann Fürst von Pückler-Muskau treffend zum Ausdruck: »Das halb verdeckte ist ohnehin jeder Schönheit vorteilhaft, und es bleibe in diesem Gebiete immer der Phantasie noch etwas zu erraten übrig.«

Literaturverzeichnis

Von der Antike bis zum Mittelalter

Clemens Alexander Wimmer
Ars topiaria, die Geschichte des geschnittenen Baumes
aus »Die Gartenkunst«
1. Jahrgang, Heft 1/1989, S. 20–32

Clemens Alexander Wimmer
Geschichte der Gartentheorie
Wissenschaftliche Buchgesellschaft
Darmstadt 1989

Marie Luise Gothein
Geschichte der Gartenkunst
Eugen Diederichs Verlag, Jena 1926
Band 1, S. 7–8

Lepsius
Das Totenbuch der Ägypter
1842, Kap. CIX und CXLIXb; N. de G. Davies, The Rock Tombs of El-Amarna III, S. 31, Anm. 2 und VI, S. 20: Archaeological Survey of Egypt, ch. 5

Pietro de' Crescenzi
Ruralia Commodora
8. Buch, 3. Kapitel, hier übersetzt nach dem Wiegendruck Augsburg 1471

Renaissance und Barock – Beispiel Frankreich

Clemens Alexander Wimmer
Ars topiaria, die Geschichte des geschnittenen Baumes
aus »Die Gartenkunst«, 1. Jahrgang, Heft 1/1989, S. 22 u. 9

Dezallier d'Argenville
La théorie et la pratique de jardinage, Paris 1709, deutsch 1731 von Danreiter, S. 108–113

Francis Bacon
The Works
Bd. 6, London 1861, Reprint Stuttgart 1963, S. 489

Topiary-Kunst in England

Clemens Alexander Wimmer
Ars topiaria, die Geschichte des geschnittenen Baumes
aus »Die Gartenkunst«, 1. Jahrgang, Heft 1/1989, S. 20–32

Ruprecht Rümler
Formschnitt in Englischen Gärten
in »Gartenpraxis«, 1/1990, S. 32–37

Marie Luise Gothein
Geschichte der Gartenkunst
Eugen Diederichs Verlag, Jena, 1926, Band 1 und 2

Ostasiatische Gartenkunst – Beispiel Japan

Irmtraud Schaarschmidt-Richter
Japanische Gärten
Holle-Verlag, Baden-Baden 1977

Wolfgang Niemeyer
Koreanisches Gartenerlebnis
in »Garten und Landschaft«, 7/1991, S. 37–39

Wolfgang Niemeyer
Stille und Bewegung
in »Garten und Landschaft«, 8/1992, S. 2

Variationen über das Thema »Buchs«

Clemens Alexander Wimmer
Ars Topiaria, die Geschichte des geschnittenen Baumes
in »Die Gartenkunst«, 1. Jg., H. 1, 1989, Werner'sche Verlagsges.mbH. Worms, S. 20–32

Clemens Alexander Wimmer
Geschichte der Gartentheorie
Wissenschaftliche Buchgesellschaft
Darmstadt 1989

Lorenz von Ehren
Bäume und Grün natürlich geplant
Baumschulkatalog, Hamburg 1995/96

Wörlein Baumschulen
Der Gehölzberater
Dießen 1995
Heidi Howcroft
Hecken und Zäune, Gitter und Mauern
Callwey, München 1993, S. 45, 46

Pflanzenkunde – Arten, die sich zum Schneiden eignen

Barbara Gallup und Deborah Reich
Geformte Pflanzen
Dumont, Köln 1989

Heidi Howcroft
Hecken und Zäune, Gitter und Mauern
Callwey, München 1993

Lorenz von Ehren
Baumschulkatalog, 1991

Geschnittene Gartenkunst im Winter

Derek Clifford
Geschichte der Gartenkunst
Prestel, München 1966

Mündlicher Erfahrungsbericht der Leitung der Schloßanlagen von Schönbrunn

Brigitte Mang
Parkpflegewerk Schönbrunn
in »Garten + Landschaft« 10/1993, Callwey, München, S. 40–43 und Vortrag vom 21. 3. 1996 in der Freising-Weihenstephaner Fachhochschule

Geschnittene Theatralik im Garten der Villa Gamberaia in Settignano

Georgina Masson
Italian Gardens
Thames and Hudson Ltd. 1989

Gunther Mader, Laila Neubert-Mader
Italienische Gärten
Deutsche Verlagsanstalt, Stuttgart 1987

Gartenkunst und Windschutz – die Rotbuchenhecken der Eifelbauern

Rudolf Doernach, Gerhard Heid
Das Naturhaus
Krüger-Verlag, S. Fischer-Verlag GmbH, Frankfurt am Main 1982

Armin Sellheim
Die lebenden Mauern von Monschau
»Ambiente«, Heft 12/94

Labyrinthe

Hermann Kern
Labyrinthe
Prestel-Verlag, München 1982, S. 359–389

Adrian Fisher & George Gerster
The Art of the Maze
Weidenfeld und Nicolson, London 1990

Spaliere

Bayer. Handwerkstag e. V.
Die Schönheit der Spaliere
Ausstellungskatalog 1988 der Handwerkspflege in Bayern

Rudolf Doernach, Gerhard Heid
Das Naturhaus
Krüger-Verlag (S. Fischer-Verlag, Frankfurt am Main) 1982

C. Th. Sørensen
39 Gartenpläne für ein Stück Land
Abakonverlag Edition Lichterfelde, Berlin 1979, S. 20–23

Clemens Alexander Wimmer
Geschichte der Gartentheorie
Wissenschaftliche Buchgesellschaft Darmstadt 1989, S. 85 o.

Rudi Baumann
Begrünte Architektur
Callwey, München 1985, S. 72–75

Parterres und Terrassen

Wilfried Hansmann
Gartenkunst der Renaissance und des Barock
Du Mont Buchverlag, Köln 1983

Antoine Joseph Dezallier d'Argenville
Theorie und Praxis der Gartenkunst
Nachdruck der Ausgabe Paris 1760, Hildesheim – New York 1972 (S. 159–180)

Horti Leonini di San Quirico d'Orcia

Enrico Rainero
Gärten, Labyrinthe, Paradiese
Florenz 1986, 1988, S. 70

Garten zur Villa Il Roseto in Arcetri, Florenz

Günter Mader, Laila Neubert-Mader
Italienische Gärten
DVA, Stuttgart 1987, S. 194, 196, 197, 200

Milena Matteini
Pietro Porcinai Architetto del giardino e del paesaggio
Electa 1991, S. 138–144, 146

Løgumkloster, Dänemark

Af Maj Scharff und Preben Skaarup
Løgumkloster – en sonderjysk flaekke
in Landskab 5, 1981, S. 104–110

Rasengarten zur Villa Granaiolo bei Empoli, Italien

Günter Mader, Laila Neubert-Mader
Italienische Gärten
DVA, Stuttgart 1987, S. 194, 195

Laubengang in den Boboli-Gärten, Palazzo Pitti, Florenz, Italien.

Garten zur Villa Zapu, Napa Valley, Kalifornien

Villa Zapu
Cover-Story in Landscape Architecture, Nov. 1991, S. 96/97

Berühmte Beispiele Geschnittener Gartenkunst

Ruprecht Rümler
Formschnitt in Englischen Gärten
Gartenpraxis 1/1990, S. 32–37

Georgina Masson
Italian Gardens
Thames and Hudson Ltd. London 1987

Irmtraud Schaarschmidt-Richter
Japanische Gärten
Holle-Verlag, Baden-Baden 1977

Österreichische Gesellschaft für historische Gärten
Historische Gärten in Österreich
Böhlauverlag Wien – Köln – Weimar 1993

Albert Hauser
Bauerngärten der Schweiz
Artemis-Verlag, Zürich 1976

Gärten der Schweiz
Kunstzeitschrift du 3/1980, Conzett + Huber AG, Zürich

Elizabeth Drury, Harriet Bridgeman
Guide to the Gardens of Britain & Europe
Granada Publishing London – Toronto – Sydney – New York 1979

Berühmte Beispiele Geschnittener Gartenkunst

Geschnittene Gartenkunst gibt es in der ganzen Welt. Wenige Länder vorwiegend Europas wurden hier ausgewählt, um die schönsten und berühmtesten Gartenanlagen mit geschnittenen Gartenthemen in Kurzform vorzustellen. Die Länder sind alphabetisch geordnet; die Einzelgärten unterliegen keiner Ordnung. Die Liste der Gärten mit Entstehungszeit und Hinweis über die geschnittenen Besonderheiten ist als Anregung für den interessierten Leser gedacht, der sich weiter mit dem Thema befassen und die Gärten in natura aufsuchen möchte. Die Zusammenfassung kann bei der Fülle von Beispielen Geschnittener Gartenkunst keinen Anspruch auf Vollständigkeit erheben.

Belgien

Museum van Buuren, Brüssel, von René Pechère, Labyrinth, Herzgarten, Anfang des 20. Jahrhunderts
Tervuren Park, Tervuren, Brabant, formaler Garten von Lainé, Ende 19., Anfang 20. Jahrhundert
Château de Freyr, Namur, 1759 von Guillaume und Philippe de Beaufort-Spontin entworfen, Topiary, Bosketts
Château de Leeuwergem, Zottegem, Ostflandern, klassischer Garten aus der Zeit Ludwigs XV., mit berühmtem Freilichttheater aus geschnittenen Hecken
Château de Loppem, Westflandern, 19. Jahrhundert, großes Labyrinth
Château de Gaasbeek, Gaasbeek, Brabant, spätes 19. Jahrhundert, Buchshecken im Innenhof

Dänemark

Vibedehus, bei Fakse, seit 1953, geschnittene Figuren, Entwurf von C. Th. Sørensen
Løgumkloster, bei Tonder, 1962 von C. Th. Sørensen und I. P. Junggreen Have entworfen
Außenanlagen zum **Kunstmuseum Herning,** Jütland, 1963 von C. Th. Sørensen entworfen, mit Heckenskulpturen aus Hainbuche bis 8 m Höhe
Kirchenvorplatz in **Kalundborg,** von C. Th. Sørensen, niedrige abstrakte, geschnittene Form 1951–1961
Kleingartensiedlung in **Naevrum,** von C. Th. Sørensen, mit ovalen Heckengärten
Schloß Egeskov, Kvaerndrup, Funen, 16. Jahrhundert, hohe Hecken zur Landschaft

Deutschland

Herrenhausen, Hannover, 1680–1714 angelegt, 1945 restauriert, heckengesäumte Gärten unterschiedlicher Muster, rautenförmiges Theater aus geschnittenen Buchen, Schachbrettparterre aus Buchs und Kieseln
Garten des **Schlosses in Schwetzingen,** 18. Jahrhundert, mit Laubengängen
Garten zum **Schloß Veitshöchheim** bei Würzburg, 1780 mit labyrinthartigen Bosketts, Hecken, Heckensälen
Schloß Sanssouci, Potsdam, 18. Jahrhundert, Terrassen mit Spalieren und Laubengängen, Holländischer Garten
Schloß Charlottenburg in Berlin, begonnen Ende des 17. Jahrhunderts, dreiteiliges Hainbuchenquartier mit rundem, viereckigem und sechseckigem Heckensalon
Schloß Salzdahlum zwischen Braunschweig und Wolfenbüttel, Ende des 17. Jahrhunderts, Bosketts, Heckentheater
Garten des **Schlosses Augustusburg** in Brühl, 18. Jahrhundert, mit geschnittenen Alleebäumen, Bosketts, Lindenlaubengängen
Schloß Schleißheim, Gartenanlage aus dem 18. Jahrhundert bei München mit Bosketts aus geschnittenen Bäumen und Hecken
Hofgarten, München, 1613–1617, geschnittene Feldahorn- und Kornelkirschenhecken
Schloßpark von Groß-Sedlitz bei Dresden, 18. Jahrhundert, mit Hainbuchen- und Feldahornhecken als Gartenrahmen
Park Benrath bei Düsseldorf, 18. Jahrhundert, mit Hecken und geschnittenen Alleen
Park von Schönbusch, Aschaffenburg, 1775 als Landschaftsgarten angelegt, mit Irrgarten aus dem Jahr 1829
Park von Altenkamp, Aschendorf, 1728–1738 entstanden, mit strengen Bosketts und kunstvoll geschnittener Eibenhecke
Burg Bürresheim bei Mayen, barocker Terrassengarten von 1683, restauriert 1952 mit rechteckigen Rasenflächen und Eibenkegeln, die die Eckpunkte markieren
Orangeriegarten (Bessunger Herrengarten), Darmstadt, 1714 vollendeter Barockgarten mit geschnittenen Hecken und hohen immergrünen Kegeln
Schloßgarten Ludwigsburg mit 1952 restauriertem Broderieparterre, quadratischen Heckengärten und parterre à l'anglaise
Garten von **Lütetsburg,** nördlich von Emden, ursprünglich französischer Garten, 1790 in Landschaftsgarten umgewandelt mit gut gepflegtem Irrgarten
Garten zum **Hotel Kempinski, Flughafen München** von Peter Walker /

Das aus einer Eibenhecke geschnittene Bullauge im Garten von Sissinghurst Castle, England, läßt den Blick in die Zukunft offen: Neue phantastische und originelle Ideen werden das Thema der Geschnittenen Gartenkunst nie enden lassen.

Prof. Rainer Schmidt, modernes Parterre mit Buchs- und Lavendelbändern, Hecken und Säuleneichen
Garten des **Patrizierschlosses in Neuhof,** Nürnberg, Barockgarten aus dem 17. Jahrhundert zu einem Gebäude von 1500, 1962 restauriert mit dreizehn quadratischen buchseingefaßten Beeten und kugel- und kegelförmig beschnittenen Kübelpflanzen
Schloßgarten Weilburg der Grafen von Nassau-Weilburg mit einem 1935 restaurierten Rasenparterre mit Buchseinfassung, regelmäßig unterbrochener Schnitthecke und zu Kugeln beschnittenen Kübelpflanzen

Frankreich

Vaux-le-Vicomte, Maincy, Seine-et-Marne, ca. 1661 von André le Nôtre entworfen, grüne Architektur, Buchsornamente
Château de Villandry, bei Tours, Indre-et-Loire, im 20. Jahrhundert nach dem Renaissance-Vorbild gestaltet, Topiary-Garten mit symbolischen Elementen
Château de Hautefort, Dordogne, rekonstruierte Hecken-Parterres, wie im 17. Jahrhundert
Versailles, Paris, Latona-Parterre mit geschnittenen Bäumen, um 1660 von André le Nôtre angelegt
Marly, bei Paris, von A. le Nôtre entworfen, grüne Laubengangarchitektur
Château de Sceaux, Ile de France, von A. le Nôtre entworfen, 17. Jahrhundert, Hecken und Topiary
Garten zum **Schloß von Chantilly,** Oise, mit Bosketts

Großbritannien

Pitmedden bei Aberdeen, Schottland, 1958 restauriertes Buchsbaumparterre
Edzell Castle bei Aberdeen, Schottland, quadratisches Buchsbaumparterre mit Wappen, Schriften, geschnittener Urne, vier Kugeleiben
Crathes Castle bei Aberdeen, Schottland, ca. 1695, säulen- und kugelförmige Eiben und vieles mehr
Tapeley Park, Instow, Devon, aus Eibe geschnittene Urne im »Italienischen Garten«, Anfang des 20. Jahrhunderts.
Levens Hall, Lake District, England, 1701, unterschiedliche, äußerst phantasievoll geschnittene Eiben- und Buchsbaumsträucher, kombiniert mit Blumenbeeten, Schirmform, Bögen, Säulen, Kugeln, geschnittene Kronen... einer der wenigen noch ursprünglich erhaltenen Topiary-Gärten vom Anfang des 18. Jahrhunderts.
Powys Castle, in Welshpool, Powys, ca. 1720, 9 m hohe Eiben an den Schloßterrassen
Bodnant Gardens, Tal-y-Cafn, Colwyn Bay, Gwynedd, 1875 begonnen, Freilichttheater aus Eiben mit repräsentativer Gartenbank
Dartington Hall, Dartington, Devon, 1946 umgestaltet, Freilichtbühne aus Eibenhecken mit zwölf großen, becherförmig geschnittenen Säuleneiben (*Taxus baccata* 'Fastigiata')
Hidcote Manor, Hidcote Bartrim bei Chipping Campdon, Gloucester, »Weißer Garten«, Vogelfiguren aus Buchs, Anfang 20. Jahrhundert
Haddon Hall, Bakewell, Derbyshire, frühes 17. Jahrhundert, Vorgarten des Obstgärtners, aus Eibe geschnittener Pfauenhahn
Knightshayes Court, Tiverton, Devon, Bäume und Eibenhecken von etwa 1860, aus Eibe geschnittene Fuchsjagd
Montacute House, Montacute, Somerset, England, Mitte des 19. Jahrhunderts, unregelmäßig, beulenförmig geschnittene Eibenhecke
Drummond Castle, Crieff, Tayside, Schottland, kreuzförmiges Parterre von 1630, im 19. Jahrhundert ausgestaltet, geschnittene Eibenbögen und Kugelformationen, teils am steilen Hang
Chatsworth, Edensor, Bakewell, Derbyshire, England, abwechselnd konvex und konkav verlaufende Buchenhecken, zugleich hangwärts ansteigend, Gartenentwurf auf das 17. Jahrhundert zurückgehend
Elvaston Castle, Elvaston, Derbyshire, 1830, geschnittene Eibenvariationen in verschiedenen Grüntönen

Italien

Villa Medici, Fiesole, Florenz, »Giardino segreto«, 1458, Rasen- und niedrige Hecken
Palazzo Piccolomini, Pienza, aus der Landschaft geschnittener Garten
Medici-Villa in Castello, bei Florenz, 1540, großes Parterre
Boboli-Gärten am Palazzo Pitti, Florenz, Ende 16. Jahrhundert, geschnittene Laubengänge
Villa Capponi, Arcetri bei Florenz, 2. Hälfte des 16. Jahrhunderts, Buchsparterre in Kombination mit Sommerblumen und Terrakotten
Villa Gamberaia in Settignano, Florenz, Anfang des 20. Jahrhunderts, geschnittenes Parterre
Villa Celsa, bei Siena, Parterre und Heckenachse, Mitte 17. Jahrhundert
Villa La Pietra, Florenz, frühes 20. Jahrhundert, von Arthur Acton angelegt, grünes Theater, Hecken, Säulen, Kugeln, u. a.
Villa Torrigiani, Camigliano bei Siena, 2. Hälfte des 17. Jahrhunderts, Senkgarten mit Buchsrabatten
Villa Marlia in Fraga bei Lucca, 17. Jahrhundert, Gartentheater
Villa Medici, Rom, 16. Jahrhundert, originales Gartenparterre
Caprarola, nördlich von Rom, Garten und Villa der Farnese-Familie, ca. 1587, giardino segreto
Villa Lante in Bagnaia, bei Viterbo, 1566, Hecken, Buchsparterre
Villa Muti, Frascati, 1595, geschnittenes Parterre
Villa Ruspoli, Vignanello, Ende des 16./Anfang des 17. Jahrhunderts, geschnittenes Parterre
Villa Imperiale, Pesaro, 16. Jahrhundert, Terrassengarten
Villa Donà dalle Rose in Valsanzibio, Veneto, 1669, Labyrinth
Villa Cuzzano in Grezzana bei Verona, 17. Jahrhundert, Parterre
Villa Rizzardi in Pojega di Negrar, grünes Theater, Hecken, 18. Jahrhundert
Castello Balduino in Montalto di Pavia, Topiary-Garten, 18. Jahrhundert
Villa Crivelli Sormani-Verri in Castellazzo bei Mailand, 18. Jahrhundert, hohe Hecken und geschnittene Bäume
Villa Il Roseto, Arcetri, Florenz, 1962 von Pietro Porcinai entworfen, Parterre auf der Tiefgarage
Horti Leonini in San Quirico d'Orcia, 1540, geschnittene Buchshecken
Villa Granaiolo bei Empoli, 1969 von Gae Aulenti entworfen, Rasenterrassen

Japan

Taizô'in-Tempel, Kyôto, 1521/28, Trockenlandschaftsgarten mit Steinen, geschnittenen Sträuchern und Kiesel
Konchi'in-Tempel, Kyôto, 1629, Trockenlandschaftsgarten mit geschnittenen Groß- und Kleinststräuchern in Kombination mit Steinen
Shôdenji-Tempel, Kyôto, 17. Jahrhundert, monumentale Kuppeln geschnittenen Buschwerks
Suizenji-Tempel, Kumamoto, 1632, fürstlicher Teichgarten mit in Form geschnittenen Bäumen
Shisendô-Tempel, Kyôto, 1636, Trockenlandschaftsgarten, geschnittene Halbkugeln in gerechtem Sand
Tôfukuji-Tempel, Kyôto, 1938, Trockenlandschaftsgarten mit flach geschnittenen Rechtecken
Taisho, Marine und Feuerversicherungsgelände in Tokyo, 1984 von Yoshikuni Araki mit großen geschnittenen Buchsflächen auf Böschung entworfen
Royal Hotel, Osaka, 1973 von Yoshikuni Araki entworfen, Eingangsparterre mit geschnittener Azaleenfläche
Zuihô'in-Tempel, Kyôto, 1961, Trockenlandschaftsgarten mit geschnittenen Hecken als Hintergrund für Steinsetzungen und bewegt-gerechte Kieselflächen
Suginami Community Center Courtyard, Tokyo, 1974, Innenhof mit Rasen, großen Bäumen und in unterschiedlichen Höhen geschnittenen Sträuchern
Privatgarten **Murata,** Provinz Mie, 1980 von Kinsaku Nakane, Innenhof mit amorph geschnittenen Azaleenflächen
Garten zum neuen **Otani Hotel,** Tokyo, 1991, von Setare Iwaki mit Wasserfall, geschnittenen Bäumen und Gehölzflächen

Österreich

Schloßpark von Halbturn, ca. 1724 angelegtes Parterre mit Buchsgestaltung
Garten der **Villa Lanna** in Gmunden, ca. 1870 geplant, Gartenparterre aus Buchsrabatten und -kegeln in Kombination mit Rasen (früher Zierbeete) und umgebenden geschnittenen Baumalleen
Gärten von **Schloß Hellbrunn,** Salzburg, vor allem Irrgärten, 18. Jahrhundert
Barockgarten von Mirabell, Salzburg, geschnittene Bäume und Heckentheater, 18. Jahrhundert
Schloß Ambras, Innsbruck, 1974 letzte Umgestaltung im Sinne eines ehemaligen Renaissancegartens, mit Buchskugeln, -kegeln, -rabatten in Kombination mit Rasen und Kiesel
Schloß Schönbrunn, Wien, mit geschnittenen Alleen und Hecken, insbesondere der »Fächer« im Boskettbereich, sowie einzelne geschnittene Gehölzformen, 18. Jahrhundert

Schweiz

Schloß Bothmar in Malans, Graubünden, Barockgarten mit Buchsbeeten und mächtigen geschnittenen Buchsbäumen, 18. Jahrhundert
Villa Tössertobel in Winterthur, 1908, niedrige Buchshecken und kegelförmige geschnittene Eiben mit herauswachsenden Hähnen
Bauerngarten zum **Oberhaus in Bußwil,** Emmental, Bern, 1834 mit Buchsbeeten und mittigem kegelförmigen Buchsbaum
Bauerngarten **Burren,** Ackenmatt, Schwarzenburg, Bern, Buchsrabatten als Beeteinfassungen, 20. Jahrhundert

Sonstige Länder

Ladew Topiary Gardens, Baltimore, Maryland, USA, von Harold Ladew in den 20er Jahren entworfen, humorvolles Topiary
Außenanlagen IBM in Costa Mesa, Kalifornien, USA, von Peter Walker entworfen, 20. Jahrhundert, dreieckig geschnittene Blöcke unterschiedlicher Höhe
Ulrikedal, Montreal, Canada, 1967 von Sven-Ingvar Andersson entworfen, gewölbte geschnittene Heckenflächen
Parque Eduardo VI, Lissabon, Portugal, große Achse mit niedrig geschnittenen Hecken, 20. Jahrhundert
Garten in **Estoril,** Portugal, geschnittene grüne Geometrie, 1954
Parco dos Duques de Braganca, westlich von Badajoz, Portugal, irrgartenähnliches Buchsbaumparterre aus dem 18. Jahrhundert
Sabatini-Garten, nördlich des königlichen Palastes in **Madrid,** Eibensäulen in Buchsbaumparterre, 18. Jahrhundert
Karnaktempel, Ägypten, geschnittene Ficus retusa-Bäume, 20. Jahrhundert
Friedhof in Tulcan, Ecuador, 1940 von José Maria Azael Franco begonnener Heckengarten mit geschnittenen Heckenfiguren aus der Fabelwelt
Schloßgarten Het Loo, Apeldoorn, Holland, mit großem Buchsparterre, Anfang 18. Jahrhundert

Bildnachweis

Becker, Jürgen
17, 19, 33, 34, 39, 41, 51, 56, 57, 79, 80, 91, 94, 95, 99 links oben/links unten/rechts oben, 103 links oben

Bo, Morten
20

Bruun, Andreas
21

Bühler, Karl-Dietrich
24, 72, 112, 113

Creswell, Michael P.
115

Fritsch, Renate
76, 77

Hargreaves Associates
120, 121

Huber, Almut
9

Korab, Balthazar
4, 69, 74, 75

Niemeyer, Wolfgang
15, 16, 18, 40, 43, 46 (Zeichnungen nach H. Iñigo Triggs, 1902), 53, 54 oben, 55, 64, 97 rechts, 99 rechts unten, 106, 107, 109, 116, 118, 124

Rogers, Gary
3, 6, 10, 11, 13, 14, 26/27, 29, 30, 31, 37, 38 links, 38 Mitte, 42, 45, 47, 48/49, 52, 58, 62, 63, 70, 71, 78, 81, 83, 86, 87, 88, 89, 92, 93, 96, 98, 101, 102, 103 links unten/rechts oben/rechts unten, 105, 110, 111, 114, 119, 122, 125

Strauß, Friedrich
Bildagentur Strauß/Perder
Titelbild, 32, 35, 38 rechts, 44, 50, 54 unten, 65, 82, 90, 97 links, 97 Mitte, 100, 104, Buchrücken

Thomas, Roland
59, 60, 61

Vesterholt, Jørgen
67

Verzeichnis der Landschaftsarchitekten

Andersson, Sven-Ingvar
Kopenhagen, Dänemark
72–75

Aulenti, Gae, Innenarchitektin
Mailand, Italien
118

Bruun, Andreas
Køge, Dänemark
20, 21

Carter, Stephanie und Christoph
Cotswolds, England
114

Deroose, Paul
Jabbeke, Belgien
39 links, 94, 95

Hargreaves, George Associates
San Francisco, USA
120, 121

Have, J. P. Junggreen
Åbenrå, Dänemark
112, 113

Niemeyer, Wolfgang H.
München, Deutschland
16, 25, 115–117

Porcinai, Pietro (†)
Florenz, Italien
108, 109

Sørensen, Carl Th. (†)
Kopenhagen, Dänemark
22–24

Vesterholt, Jørgen
Kopenhagen, Dänemark
66, 67

Wirtz, Jacques
Belgien
90

69,90

34,90